JN307724

、 庫

33-125-1

帝 国 主 義

幸 徳 秋 水 著
山 泉 進 校注

岩 波 書 店

『帝国主義』に序す

人類の歴史はその始めより終りに至るまで信仰と腕力との競争史なり、或時は信仰、腕力を制し、また或時は腕力信仰を制す、*ピラトがキリストを十字架に釘《くぎづ》けし時は腕力が信仰に勝ちし時なり、ミランの監督アムボロースが帝王シオドシアスに懺悔《ざんげ》を命ぜし時は信仰が腕力に勝ちし時なり、信仰、腕力を制する時に世に光明あり、腕力、信仰を圧する時に世は暗黒なり、而《しか》して今は腕力再び信仰を制する暗黒時代なり。

朝《あした》に一人の哲学者ありて宇宙の調和を講ずるなきに、陸には十三師団の兵ありて*剣戟《けんげき》到るところに燦然《さんぜん》たり、野には一人の詩人ありて民の憂愁を医《いや》すなきに、海には二十六万噸《トン》の戦艦ありて洋上事なきに鯨波《げいは》を揚ぐ、家庭の紊乱《びんらん》その極に達し、父子相怨み、兄弟相鬩《せめ》ぎ、姑媳《こせき》相侮るの時に当て、外に対ては東海の桜国、世界の君子国をもって誇る、帝国主義とは実にかくの如きものなり。

友人幸徳秋水君の『帝国主義』なる、君が少壮の身をもって今日の文壇に一旗を揚るは人の能《よ》く知るところなり、君は基督《キリスト》信者ならざるも、世のいわゆる愛国心なるものを憎むこと甚し、君はかつて自由国に遊びしことなきも真面目なる社会主義者なり、余は君の如き士を友として有《も》つを名誉とし、ここにこの独創的著述を世に紹介するの栄誉に与《あず》かりしを謝す。

明治三十四年四月十一日

東京市外角筈村において

内 村 鑑 三*

例言三則

一、東洋の風雲日に急にして天下功名のために熱狂す、世のいわゆる志士愛国者皆な髪竪《た》ち眦《まなじり》裂くるの時において、独り冷然として理義を講じ道徳を説く、その*崖山舟中の大学をもって嘲《あざ》けらるるは、我れこれを知れり。しかも甘じてこれを為すゆえんは、実に百年斯道《しどう》のために忡々《ちゅうちゅう》自ら禁ぜざる者あればなり。ああ我を知る者はそれただこの篇か、而《しか》して我を罪する者もまたただこの篇か。

一、全篇の説、欧米識者の夙《つと》に苦言し痛語せるところ。而して現時において*トルストイや、ゾーラや、ジョン・モルレーや、ベーベルや、ブライアンやその最《さい》となす、その他極めて進歩せる道義を有し、極めて高潔の理想を抱くの諸氏、皆なこれがために切《せつ》偲《し》せざるなし。故に我れ敢《あえ》て借して『著』といわずして『述』と書す。

一、眇《びょう》たる小冊子固《もと》より卑見の詳細を尽さずといえども、しかもまたその綱要を提し得たりと信ず。世間*聵々《がいがい》の徒をしてこれによって多少覚醒の機を感知せしめて、もって真理と正義のために糸毫《しごう》の貢献するところあるを得ば、すなわち我が願い足れり。

明治三十四年四月桜花爛熳の候、朝報社編輯局において

秋水生識

目　次

ペロポンネシアン戦後の腐敗――タシヂデスの大史筆――羅馬《ローマ》に見よ――ドレフューの大疑獄――ゾーラ蹶然《けつぜん》として起《た》てり――堂々たる軍人と市井の一文士――キッチェネル将軍――露国軍隊の暴虐――土耳其《トルコ》の政治――独逸《ドイツ》と一代道徳の源泉――麟鳳《りんほう》は荊棘《けいきょく》に栖《す》まず――独逸皇帝と不敬罪

《その五》決闘と戦争――猾智を較するの術――戦争発達の歩一歩――愛々たる田舎の壮丁――餓鬼道の苦――軍備を誇揚するを止めよ

《その六》何ぞ長く相《あい》挑むや――平和会議の決議――僅かに一転歩のみ――猛獣毒蛇の区

第四章　帝国主義を論ず……八五

《その一》野獣肉餌《にくじ》を求む――領土の拡張――大帝国の建設は切取強盗なり――武力的帝国の興亡――零落《ルーイン》は国旗に次ぐ

《その二》国民の膨脹か――少数の軍人政治家資本家――トランスワールの征討――驚くべき犠牲――数万人の鮮血の価十億万円――

帝国主義

幸徳秋水述

第一章　緒　言

帝国主義は燎原の火なり

○盛なるかないわゆる帝国主義の流行や、勢い燎原《りょうげん》の火の如く然《しか》り。世界万邦皆なその膝下《しっか》に慴伏《しょうふく》し、これを賛美し崇拝し奉持せざるなし。

○見よ英国の朝野は挙げてこれが信徒たり、独逸《ドイツ》の好戦皇帝は熾《さかん》にこれを鼓《こ》吹《すい》せり、露国は固《もと》よりこれをもってその伝来の政策と称せらる、而《しか》して仏や墺や伊や、また頗《すこぶ》るこれを喜ぶ、かの米国の如きすら近来甚だこれを学ばんとするに似たり。而して我日本に至っても、日清戦役の大捷《たいしょう》以来、上下これに向って熱狂する、*悍馬《かんば》の軛《くびき》を脱するが如し。

何の徳あり何の力ある

○昔者《せきしゃ》*平時忠誇て曰《いわ》く、平氏にあらざる者は人にして人にあらずと、今の時において帝国主義を奉持せざる者は、殆ど政事家にして政事家にあらず、国家にして国家にあらざるの観あり。彼《か》れそれ果して何の徳あり、何の力あり、何の貴重すべきあって、その流行の能《よ》くかくの如きを致せるや。

国家経営の目的

○けだし国家経営の目的は、社会永遠の進歩にあり、人類全般の福利にあり。然《しか》り単に現在の繁栄にあらずして永遠の進歩にあり、単に小数階級の権勢にあらずして全般の福利にあり。而《しか》して今の国家と政事家が奉持せる帝国主義なる者は、吾人のためにいくばくか這箇《しやこ》の進歩に資せんとするか、いくばくか這箇の福利を与えんとするか。

科学的智識と文明的福利

○我は信ず、社会の進歩は、その基礎必ずや真正科学的智識に待たざるべからず、人類の福利は、その源泉必ずや真正文明的道徳に帰せざるべからず。而してその理想は必ずや自由と正義にあらざるべからず、その極致は必ずや博愛と平等にあらざるべからず。それ古今東西、能《よ》くこれに順う者は栄う、*松柏の凋《しぼむ》に後るるが如く、これに逆う者は亡ぶ、春の夜の夢の如し。かの帝国主義の政策にして、果してこの基礎源泉を有して、而してこの理想極致に向って進む者ならしめんか、この主義や実に社会人類のために天国の福音なり、我は喜んでこれがために*執鞭《しつべん》の士たるを甘んぜん。

○しかれどももし不幸にして、帝国主義の勃興流行するゆえんの者は、科学的智識にあらずして迷信なり、文明的道義にあらずして狂熱なり、自由、正

天使か悪魔か
焦頭爛額《しょうとうらんがく》の急務

義、博愛、平等にあらずして、圧制、邪曲、頑陋《がんろう》、争闘なりしとせよ。而して仮にこれらの劣情悪徳が、精神的に物質的に、世界万邦を支配することかくの如きにしてやまずとせよ、その害毒の横流するところ、深く寒心すべきにあらずや。

○ああ帝国主義、汝が流行の勢力は、我二十世紀の天地をもって、寂光の浄土を現ぜんとするか、無間の地獄に堕せんとするか。進歩か、腐敗か、福利か、災禍か、天使か、悪魔か。その真相実質の如何《いかん》を研究するは、我二十世紀の経営に任ずる士人にあって、*焦頭爛額《しょうとうらんがく》の急務にあらずや。これ後進の不才自ら*揣《はか》らず、敢て*呶々《どうどう》のやむなきゆえんなり。

帝国主義者《イムペリアリスト》の喊声《かんせい》

愛国心を経とし軍国主義を緯とす

第二章　愛国心を論ず

その一

○我国民を膨脹せしめよ、我版図を拡張せよ、大帝国《グレーターエムパイア》を建設せよ、我国威を発揚せよ、我国旗をして光栄あらしめよ、これいわゆる帝国主義者《イムペーリアリスト》の喊《かん》声《せい》なり。彼らが自家の国家を愛するや深し。

○*英国は南阿《ア》を伐《う》てり、米国は比律賓《フイリピン》を討てり、独逸《ドイツ》は膠州《こうしゅう》を取れり、露国は満洲を奪えり、仏国はファショダを征せり、伊太利《イタリア》はアビシニアに戦えり。これ近時の帝国主義を行うゆえんの較著《こうちょ》なる現象なり。帝国主義の向うところ、軍備、もしくば軍備を後援とせる外交のこれに伴わざるなし。

○然《しか》りその発展の迹《あと》に見よ、帝国主義はいわゆる愛国心を経となし、いわゆる軍国主義《ミリタリズム》を緯となして、もって織り成せるの政策にあらずや。少くとも愛国心と軍国主義は、列国現時の帝国主義が通有の条件たるにあらずや。故に我はいわんとす、帝国主義の是非と利害を断ぜんと要せば、先ずいわゆる愛国心といわゆる軍国主義に向って、一番の*撿覈《けんかく》なかるべからずと。

愛国心とは何物ぞ

○しからば則ち、今のいわゆる愛国心、もしくば愛国主義とは何物ぞ、いわゆるパトリオチズムとは何物ぞ。吾人は何故に我国家、もしくば国土を愛するや、愛せざるべからざるや。

その二

愛国心と惻《そく》隠《いん》同情

○けだし*孩児《がいじ》の井に墜ちんとするを見ば、何人も走ってこれを救うに躊躇《ちゅうちょ》せざるべきは、子輿《しよ》氏我を欺《あざむ》かず。もし愛国の心をして真にこの孩児を救う底のシムパシー、惻隠《そくいん》の念、慈善の心と一般ならしめば、美なるかな愛国心や、醇乎《じゅんこ》として一点の私なきなり。

○しかれども思え、真個《しんこ》高潔なる惻隠の心と慈善の念は、決して自家との遠近親疎を問わざること、なお人の孩児の急を救うに方《あた》って、その我の子たると他の子たるを問わざるが如し。これ故に世界万邦の仁人義士は、*ツランスワールのためにその勝利と復活を祈り、比律賓《フイリピン》のためにその成功と独立を祈

望郷心

れり、その敵国たる英人にして然《しか》る者あり。その敵国たる米人にして然る者あり。いわゆる愛国心は果して能《よ》くかくの如くなるを得るか。
○今の愛国者や国家主義者は、必ずやツランスワールのために祈るの英人をもって、愛国の心なしと罵《ののし》らん、比律賓のために祈るの米人をもって、愛国の心なしと罵らん。然り彼らあるいは愛国の心なかるべし、しかれども高潔なる同情、惻隠、慈善の心は確にこれあり。しからば即ち愛国心は、かの孩児を救う底の人心と一致せざるに似たり。
○然り我はいわゆる愛国心が、醇乎たる同情惻隠の心にあらざるを悲しむ。何となれば愛国心の愛するところは、自家の国土に限ればなり。自家の国人に限ればなり。他国を愛せずしてただ自国を愛する者は、他人を愛せずしてただ自家一身を愛する者なり。浮華なる名誉を愛するなり、利益の*壟断《ろうだん》を愛するなり。公というべけんや。私ならずというべけんや。
○愛国心はまた故郷を愛するの心に似たり。故郷を愛するの心は貴ぶべし。しかれどももまた甚だ卑しむべき者あり。
○誰か*垂髫《すいちょう》の時、竹馬に鞭《むちう》つの時、真に故郷の某山某水の愛すべきを解するか。彼らが懐土望郷の念を生ずるは、実に異郷他国なる者あるを解するの以後にあらずや。それ東西*飄蓬《ひょうほう》、壮心幾たびか*蹉跎《さた》して転《うた》た人情の冷酷を覚るの時、人は少年青春の愉快を想起して旧知の故園を慕うこと切なり。彼の風土甚だ身に適せず、食味甚だ口に適せず、知己の志を談ずるなく、父母妻子の憂を慰するなくして、人は故園を思うこと切なり。彼らは故郷の愛すべく尊うべきがために思念するよりは、むしろただその他郷の忌むべく嫌うべきがためなるなり。故郷に対する醇乎《じゅんこ》たる同情惻隠にあらずして、他郷に対する憎悪なり。失意逆境の人多く皆な然《しか》り、彼ら他郷を憎悪せずんば、未だかつて特に故郷を思慕せざるなり。

他郷に対する憎悪

○彼らは曰《いわ》く、望郷の念は独り失意逆境の人のみならず、得意順境の人もまたこれあるにあらずやと。然り洵《まこ》とにこれあり。得意の人の故郷を思慕するは、その心ことさらに卑しむべきあり。彼らは即ち郷里の父老知人に向ってその得意を示さんと欲するのみ。郷里に対する同情惻隠にあらずして、一身の虚栄なり、虚誇なり、競争心なり。古人曰く、*『富貴にして故郷に還《かえ》らずんば錦を衣《き》て夜行くが如し』と、これこの一語、彼らが卑しむべき胸底の秘密を道破して燭照《しょくしょう》するが如きを見ずや。

○曰く大学を我地方に置かん、曰く鉄道を我地方に敷かん、これなお可なり。甚しきは即ち曰く、総務委員を我県より出さん、大臣を我州より出さん。彼らは一身の利益もしくば虚栄を外にして、真にその郷里に対する同情慈愍《じびん》の念によって然るあるか。有識の人や高潔の士や、これに対して果して一毫《いちごう》侮蔑の念なきことを得るか。

天下の可憐虫

○然り愛国心が望郷の念とその因由動機を一にすとせば、彼《か》の*虞芮《ぐぜい》の争いは愛国者の好標本なるかな、彼《か》の*触蛮《しょくばん》の戦いは愛国者の好譬諭《ひゆ》なるかな。天下の可憐虫なるかな。

虚誇虚栄

○ここにおいてか思う、*岩谷某が国益の親玉と揚言するを笑うことなかれ、彼が東宮大婚の紀念美術館に千円の寄附を約してその約を履《ふ》まざるを笑うことなかれ。天下のいわゆる愛国者、及び愛国心、岩谷某においてただ五十歩百歩の差のみ。愛国心の広告はただ一身の利益のためのみ、虚誇のためのみ、虚栄のためのみ。

その三

羅馬《ローマ》の愛国心

○『*党派あることなし、ただ国家あるのみ』

"Then none was for a party,
Then all were for the State."

とは、古羅馬《ローマ》の詩人が誇揚し賛美せるところなり。しかも何ぞ知らん、これ党派を利用するの智なかりしがためのみ、国家あるが故にあらずして敵国敵人ありしがためのみ。敵国敵人憎むべしという迷信ありしがためのみ。

羅馬の貧民

○我は見る、当時羅馬の貧困なる多数の農夫が、少数の富人と共に、あるいは富人に従って、いわゆる国家のために戦に赴けることを。而《しか》して我は見る、彼らが敵人と戦うや、勇猛奮進矢石を冒《おか》して身を顧みず、その忠義真に感ずるに堪えたることを。而して更に我は見る、彼らが幸いに戦捷《か》ち身を全くして帰るの時は、即ち彼らが従軍の間に負える債務のために、直ちに奴隷の域に陥らしめらるるの時なることを。見よ彼《か》の戦役の間、富者の田畝《でんぽ》は常にその臣属奴僕の耕耘灌漑《こううんかんがい》するところとなるも、貧者の田は全く荒廃*靡蕪《びぶ》に委するのやむなかりしにあらずや、而して債務は生ず、而して買《かわ》れて奴隷となる。果して誰の咎《とが》ぞや。

○彼らは羅馬のいわゆる敵国敵人を憎悪せり。しかれども敵人が彼らに向って為すところの禍害ありとせば、これ決してその同胞たる富者が彼らに向って為す以上には出でざるべし。彼らは敵人のためにその自由を奪わるべし、その財産を奪わるべし、奴隷と為さるべし。しかも彼らは現にその同胞のために爾《しか》く為されつつありしにあらずや。彼ら想うてこれに及ばざるなり。

何らの痴呆ぞ

○富者の戦うや、富益《ますま》す多きを加え、奴隷臣従益す多きを加うるなり。而して貧者は何の加うるところあらず、ただ曰《いわ》く、国家のために戦えりと。彼らは国家のために戦うて奴隷の境に沈淪《ちんりん》するも、しかもなお敵人を討伐せりという過去の虚栄を追想して、甘心し満足し誇揚せる者、ああこれ何らの痴呆ぞや。古羅馬の愛国心は実にかくの如くなりき。

希臘《ギリシア》の奴隷

○古希臘《ギリシア》におけるいわゆるヘロットなる奴隷を見よ。事あれば兵たり、事なければ奴隷たり、而してあるいは彼らの強健度に過ぎ、彼らの人口増殖の度に過ぐるや、常にその主のために殺戮《さつりく》せられたりき。しかも彼らがその主のために戦うや、忠義実に比なかりき、勇敢実に比なかりき、かつて一たび戈《ほこ》を倒《さかさ》まにしてその自由を得んと欲するなかりき。

迷信的愛国心

○彼らの然《しか》るゆえんは何ぞや。ただその外国外人たる者、即ち彼らのいわゆる敵国敵人を憎悪し討伐するをもって、無上の名誉と信ずればなり、無上の光栄と信ずればなり。その虚誇たるを知らざればなり、その虚栄たるを悟らざればなり。ああこの迷信、彼らがいわゆる愛国心という虚誇的虚栄的迷信の固きは、実に腐敗せる神水を飲むの天理教徒に過ぐる者あるなり。而《しか》してその害毒もまたこれに過ぐるあり。

愛憎の両念

○怪しむなかれ彼らが敵人を憎悪するの甚しきを。けだし欠陥なる人生、野獣に近き人生は、甚だ同仁なること能《あた》わず、博愛なること能わず。原始以来、愛憎の両念は常に*糾纆《とうじょう》の如く相纏《まと》い、鎖環の如く相連れるなり。彼《か》の野獣を見よ、彼らは猜々《さいさい》として同類相喰《は》めり、しかも一朝未だ相知らざる者に逢えば忽《たちま》ち畏懼《いく》恐慌し、畏懼恐慌は即ち猜忌《さいき》憎悪となり、猜忌憎悪は即ち咆哮《ほうこう》となり、攻撃となり、前に相喰めるの同類はかえって相結びてその公共の敵に抗争す。彼らの公共の敵に当るや、同類相互の親睦の状、掬《きく》すべきあり。彼ら野獣は実に愛国心あるやあらずや。古代人類が蛮野の生活豈《あ》にこれと遠からんかな。

○蛮人は実に同類相結んで、自然と戦えり、異種族と戦えり、彼らはいわゆる愛国心あるなり。しかれども知らざるべからず、彼らの団結や親睦や同情や、ただその敵を同じくせるに由れることを、ただその敵人に対する憎悪の反動なることを。病を同じくして始めて相憐の心ある者なることを。

好戦の心は動物的天性《アニマル・インスチンクト》

○かくの如くんば、いわゆる愛国心は、即ち外国外人の討伐をもって栄誉とする好戦の心なり、好戦の心は即ち動物的天性《アニマル・インスチンクト》なり。而してこの動物的天性や、好戦的愛国心なり、これ実に釈迦《しやか》基督《キリスト》の排するところ、文明の理想目的の相容《い》れざるところにあらずや。

○しかも哀いかな、世界人民はなおこの動物的天性の競争場裡《じょうり》に十九世紀を送過し、更に依然たる境涯をもって二十世紀の新天地に処せんとはするなり。

適者生存の法則

○社会が適者生存の法則に従って、漸く進化し発達し、その統一の境域とその交通の範囲もまたしたがって拡大するに至るや、その公共の敵とせる異種族、異部落なる者、漸く減じて、彼らが憎悪の目的また失わる。憎悪の目的既に失うや、その親睦結合せるゆえんの目的また失わる。ここにおいてか、彼らが一国、一社会、一部落を愛するの心は、変じてただ一身、一家、一党を愛するの心となる。かつて種族間、部落間における蛮野なる好戦的天性は、即ち変じて個人間の争閲《そうげき》となれり、朋党間の軋轢《あつれき》となれり、階級間の戦闘となれり。ああ純潔なる理想と高尚なる道徳の盛行せざるの間は、動物的天性のなお除却し能《あた》わざるの間は、世界人民は遂に敵を有《ゆう》せざる能わず、憎悪せざる能わず、戦争せざる能わず。而《しか》してこれを名《なづ》けて愛国心といい、これを称して名誉の行となせるなり。

○ああ欧米十九世紀の文明よ、一面には激烈なる自由競争の、人心をして益《ますま》す冷酷無情ならしむるあり、一面には高尚正義なる理想と信仰滔《とう》として地を掃《はら》う。我文明の前途洵《まこ》とに寒心すべからずや。而して姑息なる政治家や、功名を好むの冒険家や、*奇利《きり》を趁《お》うの資本家は、これを見て即ち絶叫して曰《いわ》く、四境の外を見よ大敵は迫れり、国民はその個人間の争闘を止めて、国家のために結合せざるべからずと、彼らは実に個人間における憎悪の心を外敵に転向せしめて、もって各々ためにするところあらんとするなり。而してこれに応ぜざるあれば即ち責めて曰く、非愛国者なり、国賊なりと。知らずやいわゆる帝国主義の流行は実に*這箇《しやこ》の手段に濫觴《らんしょう》せることを、いわゆる国民の愛国心、換言すれば動物的天性の挑撥に出でたることを。

動物的天性の挑撥

その四

洋人夷狄の憎悪

○自家愛すべし、他人憎むべし、同郷人愛すべし、他郷人憎むべし、神国や中華や愛すべし、洋人や夷狄や憎むべし、愛すべき者のために憎むべき者を討つ、これを名けて愛国心という。

野心を達するの利器

○しからば即ち愛国主義は、憐れむべきの迷信にあらずや、迷信にあらざれば好戦の心なり、好戦の心にあらざれば虚誇虚栄の広告なり、売品なり。而してこの主義や常に専制政治家が自家の名誉と野心を達するの利器と手段に供せらる。

○これをもって独り希臘羅馬《ギリシアローマ》の旧夢となすことなかれ。愛国主義の近代に流行し利用せらるることは、上古中古よりも更に甚しきなり。

○想起す、*故森田思軒氏が一文を艸《そう》して、黄海のいわゆる霊鷹《れいよう》は霊にあらずと説くや、天下皆な彼を責るに国賊をもってしたりき、久米邦武氏が神道は祭天の古俗なりと論ずるや、その教授の職を免ぜられたりき、西園寺侯がいわゆる世界主義的教育を行わんとするや、その文相の地位を殆《あや》うくしたりき、内村鑑三氏が勅語の礼拝を拒《こば》むや、その教授の職を免ぜられたりき、尾崎行雄氏が共和の二字を口にするや、その大臣の職を免ぜられたりき。彼ら皆な大不敬をもって罵《ののし》られき、非愛国者をもって罪せられき。これ明治聖代における日本国民の愛国心の発現なり。

明治聖代の愛国心

○国民の愛国心は、一旦その好むところに忤《さから》うや、人の口を箝《かん》するなり、人の肘《ひじ》を掣《せい》するなり、人の思想をすらも束縛するなり、人の信仰にすらも干渉するなり、歴史の論評をも禁じ得るなり、聖書の講究をも妨げ得るなり、総ての科学をも砕破することを得るなり。文明の道義はこれを恥辱《ちじょく》とす。しかも愛国心はこれをもって栄誉とし功名とするなり。

英国の愛国心

○独り日本の愛国心のみならんや。英国は近代において極めて自由の国と称す、博愛の国と称す、平和の国と称す。かくの如きの英国すらも、かつてその愛国心の激越せるの時においてや、自由を唱うる者、改革を請願する者、普通選挙を主張する者、皆な叛逆をもって問われしにあらずや、国賊をもって責められしにあらずや。

英仏戦争

○*英国人が愛国心の大に発揚せる最近の事例は、彼らが仏国との戦争当時に如《し》くはなし。この戦争や一千七百九十三年大革命の際に初めて、爾後《じご》多少の断続ありしといえども、延《ひい》て一千八百十五年奈勃翁《ナポレオン》の覆没に至って大段落を成す。彼らはその時の近きと共にその思想もまた今日の思想と相距《へだて》る遠からず、彼らのいわゆる愛国心も今日の愛国主義と、その流行の事情と方法において、甚だ異なるところなきなり。

○仏国との戦争。ただこの一事、この一語あるのみ。その原因の如何《いかん》を問うことなかれ、その結果の如何を議することなかれ、これが利害を言うことなかれ、これが是非を言うことなかれ、言えば必ず非愛国者をもって責められん。改革の精神や、抗争の心や、批評の念や一時全く休止して、否な休止せしめられて、而《しか》して国内の党争は殆ど消滅に帰せり。彼《かの》コルリッヂその人の如きすら、戦争の初年これを非議せしにかかわらず、遂に戦争が国民を一致結合せしめたるを神に謝するに至れり。而して彼《かの》フォックスの一輩が、その

いわゆる挙国一致

平和と自由の大義を支持すること渝《かわ》らず、議会の大勢回すべからざるを知て場に列するなかりしが如きは、即ちこれありといえども、しかも議場は一の党派的討論を見ざるに至れり。ああ当時の英国や実に挙国一致、我日本の政治家策士が喜んで口にするところの『挙国一致』、羅馬《ローマ》詩人のいわゆる『ただ国家あるのみ』盛なるかな。

○しかれども思え、この時英国民を挙げて、その胸中何の理想あるか、何の道義あるか、何の同情あるか、何の『国家』あるか。

○彼《か》れ英国民を挙げて、狂せる英国民を挙げて、あるところの者は、ただ仏国に対する憎悪のみ、ただ革命に対する憎悪のみ、ただ奈勃翁《ナポレオン》に対する憎悪のみ。いやしくも一毫革命的精神、もしくは仏人の理想に関聯《かんれん》するの思想あらんか、彼らはただにこれを嫌忌するのみならずして、競うてこれを侮辱せるにあらずや、ただにこれを侮辱するのみならず、群起してこれを攻撃し、これが処罰に全力を注げるにあらずや。

罪悪の最高潮

○ここにおいてか知る、外国に対する愛国主義の最高潮は、内治における罪悪の最高潮を意味することを、而《しか》して彼ら愛国狂は即ち戦争の間大に発越せる愛国心が、戦後において何の状を現ずるやを見んと要す。

戦後の英国

○戦後における英国や、仏国に対する憎悪の狂熱やや冷却し来ると共に、軍費の支出は停止せり、大陸諸国が戦役中、その工業界の攪乱《かくらん》せるがために特に英国に仰げるの需用は停止せり、英国の工業及び農業は、忽焉《こつえん》として一大不景気に襲われたり、次《つい》で来る者は下層大多数人民の窮乏なりき飢餓なりき。この時において彼れ富豪資本家や、果して一点の愛国心なお存せしか、彼らは果して一片の慈愍《じびん》同情の念なお存せしか、挙国一致的結合親睦の心なお存せしか。彼らはその同胞の窮乏飢餓して*溝壑《こうがく》に転ずるを見ること、あたかも仇敵の如くなりしにあらずや、彼らが下層の貧民を憎悪するは、夐《はる》かに仏国革命及び奈勃翁を憎むに勝《まさ》りしにあらずや。

ペートルロー

○彼《かの》*ペートルローの事に至っては、切歯に堪えたり。彼らは奈勃翁の軍をウォートルローに覆えして未だ久しきを経ざるに、議院改革を要求してペートルフィールドに集合せる多数の労働者を、蹂躙《じゅうりん》し虐殺せるにあらずや。時人ウォートルローの戦に比して冷語してペートルローと呼ぶ者これなり。ウォートルローに敵軍を破れるの愛国者は、今や一転してペートルローにその同胞を虐殺す。愛国心という者は真にその同胞を愛する心なるや。いわゆる一致せる愛国心、結合せる愛国心は、征戦一たび了《おわ》れば、国家国民に向って何の利益をか与うるや。見よ敵人の首を砕ける鋭鋒は、直ちに同胞の血を嘗《な》めんとす。

虚偽なるかな

○コルリッチは戦争のために、国民の一致を神に謝せり、しかれどもここに至って一致なる者果して何処《いずこ》にありや。憎悪の心は憎悪を生むのみ、敵国を憎むの心は直ちに国人を憎むの動物的天性のみ、ウォートルローの心は直ちにペートルの心のみ。虚偽なるかな、愛国心の結合や。

その五

眼を独逸《ドイツ》に一転せよ

○姑《しば》らく英国を去て眼を*独逸《ドイツ》に一転せよ。故ビスマーク公は実に愛国心の権化なり、独逸帝国は実に愛国神垂迹《すいじゃく》の霊場なり。愛国宗の霊験が、如何《いか》に赫《かく》然灼然《ぜんしゃくぜん》たるかを知らんと欲せば、一たびこの霊場に詣ぜざるべからず。

○我日本の貴族軍人学者を初めとして、およそ世界万国の愛国主義者、帝国主義者が随喜渇仰して措《お》かざる独逸の愛国心は、古代希臘《ギリシア》や羅馬《ローマ》や、及び近代英国の愛国心に比して、果して迷信ならざるか、虚誇虚栄ならざるか。

ビスマーク公

○故ビスマーク公は寔《まこ》とに圧伏の人豪《じんごう》なり。彼の未だ起《た》たざるに当ってや、紛々として分立せる北部日耳曼《ゲルマン》の諸邦は、同一言語の国民は必ず結合せざるべからずとせる帝国主義者の眼光よりこれを見ば、実に憫《あわ》れむに堪たる者なりき。而《しか》して能《よ》くこれら諸邦を打て一丸とせるビスマーク公の大業は、その光輝を千載に放てり。しかれども知らざるべからず、彼ら帝国主義者が諸邦を結合統一するの目的は、必しもこれによって実際に諸邦の平和と利益を冀《こいねが》うにあらずして、ただその武備の必要より生じ来れる者なるを。

○彼《か》の早く自由平等の理義を咀嚼《そしゃく》して、仏国革命の壮観を羨望《せんぼう》せるの人士にあっては、その触蛮の争いを止めて協同平和の福利を亨《う》け、かつ外敵の侵寇《しんこう》に備うるがために、日耳曼の結合統一を企望するものありしや明かなり、これ甚だ可なり。しかれども実際の歴史は決してこの種の企望に副《そ》わしめざりしを奈何《いかん》せん。

日耳曼《ゲルマン》統一

○もし日耳曼統一が、真に北部日耳曼諸邦の利益のために成されたりと言わば、彼らは何ぞその多数が独逸語を話するの澳太利《オーストリア》と結合するを為さざるや。

これを為さざるゆえんは他なし、ビスマーク公一輩の理想は決して一般独逸《ドイツ》人のブラザー・フードにあらざればなり、諸邦共同の平和の福利にあらざればなり、ただ普魯西《プロイセン》彼《か》れ自身の権勢と栄光にありたればなり。

○それ徹頭徹尾好戦の心を満足するの手段として結合提携を求むるは、これ人の常性なり。甲の朋友たるは乙の仇敵たるが故なり、彼を愛するはこれを憎むがためなり、彼の外国ということのために念慮を労するは、その安寧を欲するが故にあらずして、その覇権を誇揚せんと欲してなり。俊才ビスマーク公は能《よ》く這個《しやこ》の人情に暁通せり。彼は実にこの国民の動物的天性を利用して、その手腕を揮《ふる》い来れるなり。換言すれば彼は国民の愛国心を煽揚せんがために敵国と戦えるなり、自家に反対する諸種の理義評論を圧伏して、その希望せる愛国宗を創建せんがために、無用の戦争を挑発したるなり。

○然《しか》り彼れ日耳曼《ゲルマン》の統一者、*獣力のアポストル、鉄血政策の祖師は、その深謀遠計の第一着手として、恣《ほしいま》まに最弱の隣邦と戦えり。而《しか》してこれに捷《か》つや、国民中、迷信、虚栄、獣力を喜ぶの徒は、競うて彼れの党与《とうよ》となれり。これ実に新独逸帝国の結合、新独逸愛国主義の発程《はってい》なりき。

○第二に彼は他の隣邦に向って挑戦せり。この隣邦や前の隣邦よりも強かりき、しかれども彼は敵の備えの完《まつ》たからざるに乗ぜしなり。而していわゆる愛国心といわゆる結合の精神は油然《ゆうぜん》として、この新戦場より隆興せり。而してその運動は一にビスマーク公自身の国なる普魯西と及び同国王の膨脹のために、巧みに利用せられ妙に指揮せられたりしなり。

普魯西《プロイセン》という一物

○彼は決して純乎たる正義の意味において、北日耳曼の統一を企てし者にあらず。彼は決して普魯西という一物を結合の中に溶化し*湮滅《いんめつ》するを許さざるなり。彼の許すところはただ普魯西王国を盟主と為すの統一のみ、普魯西王をして独逸皇帝《カイゼル》の栄光を冠せしむるの統一のみ。誰か言う、北日耳曼の統一は国民的運動なりと、彼ら国民が虚誇と迷信の結果なる愛国心は、全く一人の野心功名のために利用されたるにあらずや。

中古時代の理想

○ビスマークの理想や、実に中古時代未開人の理想たるを免れず。而して彼がその陳腐野蛮の計画にして能く成功するを得たるゆえんの者は、社会の多数が道徳的に心理的に、未だ中古時代の境域を脱出すること能《あた》わざるに由るのみ。然り多数国民の道徳はなお中古の道徳なり、彼らの心性はなお未開の心性なり、ただ彼ら自ら欺《あざむ》き人を欺かんがために、近世科学の外皮をもって掩蔽《えんぺい》するに過ぎざるのみ。

○彼や既に無用の師を起《いくさ》すこと二回、能《よ》く成功せり。而《しか》して第三回の師を起さんがために、孜々《しし》として鋭を養い耽々《たんたん》としてその機を待てり。機は到れり、彼は再び他の強国の備えの完《まつ》たからざるに乗ぜり。ああ普仏の大戦争。この戦や危道の尤《もっと》も危なる者、兇器の尤も兇なる者、しかも彼《か》れビスマークにあっては大成功。

○普仏戦争は、北日耳曼《ゲルマン》諸邦をして普魯西《プロイセン》の足下に拝跪《はいき》せしめたり、彼ら諸邦をして一斉に普魯西国王独逸皇帝を奉祝せしめたり。ただ普魯西国王のためなり、ビスマークの眼中これあるのみ、豈《あ》に同盟国民の福利あらんや。

○故に我は断ず、独逸の結合は正義なる好意同情に由るにあらざるなり。独逸国民が屍の山を踰《こ》え血の流を渉ると、*鷙鳥《しちょう》の如く野獣の如く、もってその統一の業を挙げたるは、ただ敵国に対する憎悪の心の煽揚されしに由るのみ、戦勝の虚栄に酔えるに由るのみ。これ大人君子の与《くみ》するところなるか。

○しかも彼ら国民の多数は自ら誇って以為《おもえ》らく、我独逸国民が天の寵霊を享《う》くる、世界各国孰《いずれ》か能く企及する者あらんやと。世界各国民の多数もまた驚歎して曰《いわ》く、偉なるかな、国を為す者宜しく如くなるべきなりと。*日本の大勲位侯爵もまた随喜して曰く、我もまた東洋のビスマーク公たらんと。従来英国の立憲政治が世界に有せし光栄は、*忽焉《こつえん》として去て普魯西軍隊の剣欛《けんは》に移れり。

愛国的ブランデー

○国民が国威国光の虚栄に酔うは、なお個人のブランデーに酔うが如し。彼れ既に酔う、耳熱し眼眛《くら》みて気徒《いたず》らに揚《あが》る、屍山を踰《こ》えてその惨なるを見ざるなり、血河を渉りてその穢なるを知らざるなり。而して昂々然として得意たるなり。

柔術家と力士

○国民が武力優れて戦闘に長ずという名声を得るは、なお柔術家の免許皆伝を得たるが如し。力士の横綱を張れるが如し。柔術家や力士やただその敵手を殪《たお》すのみ、技これに止るのみ、もし敵手なくんば、何の利益あるか、何の名誉あるか。独逸国民の誇りはただ敵国を敗るのみ、もし敵国なくんば何の利益あるか、何の名誉あるか。

○柔術家と力士がブランデーに酔て、その技能と力量を誇るを見て、人は更に彼らの才智、学識、徳行を信ずるを得べきか。国民が戦争の虚栄に酔てその名誉と功績を誇るを見て、他の国民は更に彼らの政治、経済、教育における文明的福利を与うるを信じ得べきか。独逸《ドイツ》の哲学は尊崇すべし、独逸の文学は尊崇すべし、しかも我は決して独逸のいわゆる愛国心を賛美する能《あた》わず。
○今やビスマーク公の輔佐せる皇帝や、ビスマーク公彼自身や、皆な既に過去の人となれり。しかれども鉄血の主義はなお現皇帝の頭上に宿れり、愛国的ブランデーはなお現皇帝を酔《よわ》しめつつあり。現皇帝の戦争を好み、圧制を好み、虚名を好むや、夐《はる》かに奈勃翁《ナポレオン》一世に過ぐ、更に夐かに奈勃翁三世に過ぐ、尨然《ぼうぜん》たる大国民は今において、なお血をもって購《あがな》える結合統一という美名の下に、この年少圧制家の駆使に甘じつつあるなり。而《しか》していわゆる愛国心はなお甚だ熾《さか》んなり。しかれどもこれ豈《あ》に永遠の現象ならんかな。
○見よ愛国心の弊毒は既に絶頂に達せり、マクベスの暴虐極まるの時に、森林の撼《うご》きて迫り来れるが如く、恐るべき強敵は既に土を捲《まき》て来れるにあらずや。この強敵や迷信的にあらず理義的なり、中古的にあらず近世的なり、狂熱的にあらず組織的なり、而してその目的や彼《かの》愛国宗及び愛国宗の為せる事業を尽く破壊するにあり。これを名《なづ》けて近世社会主義という。

近世社会主義

○古代の蛮野的にしてかつ狂顚《きょうてん》的なる愛国主義が、近代文明の高遠なる道義と理想を圧伏し去ること、今後もなおビスマーク公当時の如くなるを得るやは、現世紀の中葉を待て決すべし。しかも独逸の社会主義が隆然として勃興し、愛国主義に向って激烈なる抵抗を為せるを見ば、いかに戦勝の虚栄と敵国の憎悪より生ぜる愛国心が、一毫《いちごう》も国民相互の同情博愛の心に益するところなきを知るべからずや。

哲学的国民

○ああ極めて哲学的《フィロソヒック》なる国民をして、各種の政治的理想中、極めて非哲学的《アンフィロソヒック》なる事態を演ぜしめたるはビスマーク公の大罪なり。ビスマーク公もし*微《なか》りせば、独り独逸のみならず、独逸を宗とせる欧洲列国の文学、美術、哲学、道徳は、如何《いか》に進歩し如何に高尚なるべかりしぞ、曷《な》んぞ*狺々《ぎんぎん》相喰《は》む豺狼《さいろう》の態を、二十世紀の今日に存せんや。

その六

日本の皇帝

○日本の皇帝は独逸の年少皇帝と異り。戦争を好まずして平和を重んじ給う、圧制を好まずして自由を重んじ給う、一国のために野蛮なる虚栄を喜ばずして、世界のために文明の福利を希《ねが》い給う。決して今のいわゆる愛国主義者、帝国主義者にあらせられざるに似たり。しかれども我日本国民に至っては、いわゆる愛国者ならざる者寥々《りょうりょう》として*晨星《しんせい》なり。

○我は断じて古今東西の愛国主義、ただ敵人を憎悪し討伐するの時においてのみ発揚するところの愛国心を賛美すること能《あた》わざるが故に、また日本人民の愛国心を排せざる能わず。

○*故後藤伯は、かつて一たび日本国民の愛国心の煽揚を試みて、国家の『危急存亡』の秋《とき》なることを呼号せり。天下の愛国の士翕然《きゅうぜん》としてこれに趨《はし》る、草の風に偃《ふ》すが如くなりき。而《しか》して伯は突如として廟廊に曳裾《えいきょ》せり、大同団結は消て春夢と一般なり。当時における日本人の愛国心という者は、その実愛伯心にあらざりしやあらずや。

○否な後藤伯を愛するにあらざるなり、藩閥政府を憎みたればなり。彼らの愛国の心は憎悪の心なり、*同舟風に遭えば呉越も兄弟たり、この兄弟や豈《あ》に賛歎を値いする者あるか。

征清の役

○日本人の愛国心は、*征清の役に至りてその*発越忿湧《はつえつふんよう》を極むる振古《しんこ》かつてあらざりき。彼らが清人を侮蔑し嫉視し憎悪する、言の形容すべきなし、*白髪の翁媼《おうおう》より三尺の嬰孩《えいがい》に至るまで、殆ど清国四億の生霊を殺し殲《ほろぼ》して後甘心せんとするの慨ありき。虚心にして想い見よ、むしろ狂に類せずや、むしろ餓虎《がこ》の心に似たらずや、然《しか》り野獣に類せずや。

獣力の卓越

○彼ら果して日本の国家及び国民全体の利益幸福を希うという、真個《しんこ》同情相憐の念あって然りしか。否なただ敵人を殺すの多きを快とせしのみ、敵の財を奪い敵の地を割くの多きを快とせしのみ、我獣力の卓越せるを世界に誇らんと欲せしのみ。

○我皇上の師を出し給いしは、洵《まこと》に古人のいわゆる*荆舒《けいじょ》これ膺《う》ち戎狄《じゅうてき》これ懲《こら》さんがためなりしならん、真に世界の平和のため、人道のため、正義のためなりしならん。しかも如何《いかん》せん、これがため煽起されたる愛国心の本質は憎悪なり、侮蔑なり、虚誇なり。征清役の功果をもって如何《いか》に国民全般の有形無形を利すべきかに至っては、一毫《いちごう》想い及ばざりしところにあらずや。

○*それ一面において五百金千金を恤兵部《じゅっぺいぶ》に献ずるの富豪は、一面において兵

砂礫《されき》を混ずるの鑵詰

士に販《う》るに砂礫《されき》を混ずるの鑵詰をもってす、一面において死を期せりと称するの軍人は、一面において商人の賄賂を収むること算なし、これを名《なづ》けて愛国心という。怪しむなきなり、野獣的殺伐の天性がその熱狂を極むるの時、多くの罪悪の行わるるは必至の勢いなればなり。これ豈《あ》に皇上の大御心ならんかな。

日本の軍人

○日本の軍人が尊王忠義の情に富めるは真に掬《きく》すべきあり。しかれども彼らの尊王忠義の情が、文明の進歩と福利の増加において、いくばくの貢献するところあるやは問題なり。

我皇上のため

○*団匪《だんぴ》の乱、大沽《タークー》より天津《てんしん》に至るの道路険悪にして我軍甚だ艱《なや》む、一兵卒泣て曰《いわ》く、我皇上のためにあらずんば、この艱苦《かんく》に堪えんよりはむしろ死するに如《し》かずと。聞く者涙を堕さざるなし。我またこれがために泣く。

○可憐の兵士、我は彼が皇上のためと言うて、正義のために、人道のために、同胞国民のためにと言わざるを責めざるべし。彼《か》れは平生その家庭に学校に兵営において、彼の一身がただ皇上に捧ぐべきことを教訓せられ命令せられてその他を知らざればなり。スパルタの奴隷《ヘロット》は自由あるを知らず、権利あるを知らず、幸福あるを知らず、その主のために駆使され鞭撻《べんたつ》され、而《しか》して戦に赴て死す、戦に死せずんば即ちその主に殺戮《さつりく》さる、自ら誇て以為《おもえ》らく国家のためなりと。我は史を読んで常に彼らのために泣けり、今この心をもってまた我兵士のために泣く。

○しかれども今はスパルタの時代にあらず、我皇上は自由と平和と人道を重んじ給う、豈《あ》にその臣子をしてヘロットたらしむるを希い給わんや。我は信ず、我兵士をして、皇上のためと言うよりは、むしろ進んで人道のため正義のためと言わしめば、これ皇上の嘉納《かのう》し給うところなるを、これ真に勤王忠義の目的に合する者なるを。

孝子的娼婦

○父母兄弟の困厄を救わんがために、あるいは盗を為す者あり、あるいは娼婦となる者あり、身を危《あやう》くし名を汚し、延《ひい》てその父母兄弟家門を累するに至る、中古以前においてはこれを賛美せり、文明の道徳は、ただその心事を悲しみその愚を憫《あわ》れむも、決してその非行を恕《じょ》せざるなり。忠義の心や善し、皇上のためや善し、しかも正義と人道は我知るところにあらずと言わば、これ野蛮的愛国心なり、迷信的忠義なり、何ぞ彼《かの》孝子的娼婦盗賊と異ならん。

軍人と従軍記者

○我は哀しむ、我軍人の忠義の情と愛国の心が、未だ甚だ文明高尚の理想と合せざるあるを、なお甚だ中古以前の思想を脱せざる者あるを。

○彼ら軍人がその忠義の情、愛国の心の旺《さかん》なるに反して、同胞人類のためという同情の絶てこれなきは、新聞記者待遇の一事に見るべし。*北清の役、彼らが従軍の記者を遇するや、その冷酷を極めたりき。彼らは記者の食なきを省みざりき、記者の宿するに地なきを省みざりき、記者の病めるを省みざりき、その生命の危険なるを省みざりき、曰《いわ》くこれ我関するところにあらずと、而《しか》してこれを嘲罵《ちょうば》しこれを叱斥《しっせき》する、あたかも奴僕の如くなりき、あたかも敵人の如くなりき。

○軍人は国家のために戦うという。従軍記者もまた我国家の一人にあらずや、同胞の一人にあらずや、しかもこれを愛護するの念なき何ぞかくの如く甚しきや。彼らのいわゆる国家とは、ただ皇上あるのみ、軍人自身あるのみ、その他を知らざればなり。

○我四千万衆は*領《くび》を引て我軍の安危如何《いかん》を知らんと要し、足を翹《あげ》て我軍の勝敗如何を聞かんと望む、従軍の記者が矢石を冒《おか》し死生の途に出入する者、豈《あ》

眼中国民なし

愛国心発揚の結果

にただその新紙部数の加倍するのみにあらんや、彼らは実に我四千万衆の渇《かつ》想《そう》の情を満足せしめんと欲すればなり。しかも軍人はこれをもって無用となせり、その四千万国民に対する一点の同情なきを知るべからずや。

○封建時代の武士は、国家をもって武士の国家なりとせり、政治をもって武士の政治なりとせり、農工商人民はこれに与《あず》かるの権利なくまた義務なしと思惟せり。今の軍人もまた国家をもって、皇上及び軍人の国家なりと為せるなり、彼らは国家を愛すといえども、その眼中軍人以外の国民あらんや。故に知る愛国心の発揚は、その敵人に対する憎悪を加うるも、決して同胞に対する愛情を加うる者にあらざることを。

○国民の膏血《こうけつ》を絞りて軍備を拡張し、生産的資本を散じて不生産的に消糜《しょうび》せしめ、物価の騰昂を激成して輸入の超果を来さしむ、曰く国家のためなりと。愛国心発揚の結果は頼母《たのも》しきかな。

○多く敵人の生命を絶ち、多く敵人の地と財とを利して、而して政府の歳計はかえってこれがために二倍し三倍す、曰く国家のためなりと、愛国心発揚の結果は頼母しきかな。

その七

愛国心の物たるかくの如し

我は以上説くところによって、いわゆるパトリオチズム即ち愛国主義もしくば愛国心の何物たるかを、略《ほ》ぼ解し得たりと信ず。彼は野獣的天性なり、迷信なり、狂熱なり、虚誇なり、好戦の心なり、実にかくの如きなり。

人類の進歩あるゆえん

○言うことなかれ、これ人間自然の性情にしてこれある遂にやむをえざるなりと。思え自然より発生し来れる諸種の弊毒を*防遏《ぼうあつ》するはこれ正に人類の進歩あるゆえんにあらずや。

○水は停滞して動かざる久しければ即ち腐敗す、これ自然なり、もしこれを流動せしめ疏通せしめてもってその腐敗を防がば、これ自然に忤《さから》うとなして咎《とが》むべきか。人の老衰して疾病に罹《かか》るは自然なり、これに薬を投ずるは自然に忤うとなして責むべきか。禽獣《きんじゅう》や魚介や草木や、その生るるや自然に委す、その死するや自然に委す、その進化しもしくば退歩するまた自らこれを為すにあらずして自然に委するのみ。もし人自然に随うをもって能《よ》事畢《おわ》ると為さば、直ちに禽獣、魚介、草木のみ、人たるにあらんや。

○人は自ら奮って自然の弊害を矯正するが故に進歩あるなり。尤《もっと》も多く自然の慾情を制圧するの人民は、これ尤も多く道徳の進歩せる人民なり、天然物に向って尤も多くの人工を加えたるの人民は、これ物質的に尤も多く進歩せるの人民なり。文明の福利を享《う》けんとする者は、実に自然に盲従せざるを要す。

進歩の大道

○故に知れ、迷信を去て智識に就き、狂熱を去て理義に就き、虚誇を去て真実《トルース》に就き、好戦の念を去て博愛の心に就く、これ人類進歩の大道なることを。

○故に知れ、彼《かの》野獣的天性を逸脱すること能《あた》わずして、今のいわゆる愛国心に駆使せらるるの国民は、その品性の汚下《おか》陋劣《ろうれつ》なる、まして高尚なる文明国民をもって称すべからざる者なることを。

○故に知れ政治をもって愛国心の犠牲となし、教育をもって愛国心の犠牲となし、商工業をもって愛国心の犠牲となさんと努むる者は、これ文明の賊、進歩の敵、而《しか》して世界人類の罪人たることを。彼らは十九世紀中葉において一たび奴隷の域より脱出せる多数の人類を謬妄なる愛国心の名の下に、再び奴隷の域に沈淪《ちんりん》せしむるのみならず、更に野獣の境にまでも*陥擠《かんせい》せんとする者なるを。

文明の正義人道

○故に我は断ず、文明世界の正義人道は、決して愛国心の*跋扈《ばっこ》を許すべからず、必ずやこれを*苅除《がいじょ》し尽さざるべからずと。しかも如何《いかん》せん、この卑しむべき愛国心は、今や発して軍国主義《ミリタリズム》となり、帝国主義となって、全世界に流行するを。我は以下更に進んで、軍国主義が如何《いか》に世界の文明を*戕賊《しょうぞく》し人類の幸福を阻害せるかを見ん。

第三章　軍国主義を論ず

その一

軍国主義《ミリタリズム》の勢力

○今や軍国主義《ミリタリズム》の勢力盛んなる前古比なく、殆どその極に達せり。列国が軍備拡張のために*竭尽《けつじん》するところの精力や、消靡《しょうび》するところの財力や、勝《あげ》て計量すべからず。それ軍備をもってただ尋常の外患もしくば内乱を防禦するの具と為すに止まらんか、何ぞ必しもかくの如く甚しきを要せんや。彼らが有形的に無形的に一国を挙げて軍備拡張の犠牲と為し尽してしかもなお省みざらんとする、その原因と目的は、けだし防禦以外にあらざるべからず、保護以外にあらざるべからず。

軍備拡張の因由

○然《しか》り軍備拡張を促進するの因由は、実に別にあるあり。他なし一種の狂熱のみ、虚誇の心のみ、好戦的愛国心のみ。但《た》だ武人の好事にして多く*韜略《とうりゃく》を弄《ろう》するがためにするもまたこれあり、武器糧食その他の軍需を供するの資本

五月人形三月雛

モルトケ将軍

家が一攫《いっかく》万金の巨利を博せんがためにするもまたこれあり、英独諸国の軍備拡張にあってはこれら殊に与《あずか》って力ありき。しかれども武人や資本家や、能《よ》くその野心を逞《たくまし》くするを得るゆえんの者は、実に多数人民の虚誇的好戦的愛国心の発越の機に投じたればなり。

○甲国民は曰《いわ》く、我は平和を希《ねが》うしかも乙国民が侵攻の非望*を有するを如何《いかん》と、乙国民もまた曰く、我は平和を希うしかも甲国民が侵攻の非望を有するを如何と。世界各国皆な同一の辞を成さざるはなし、噴飯*の極なり。

○かくの如くにして各国民は、童男童女が五月人形、三月雛の美なるを誇り多きを競うが如く、その武装の精鋭とその兵艦の多きを競いつつあり。それただ相競うのみ、必しも敵国の来襲急なるを信ずるにあらざるなり、必しも外征を急要とするにあらざるに似たり。事は児戯に類す、しかも恐るべき惨害はこの裡《うち》に胚胎するを奈何《いかん》せん。

○故*モルトケ将軍は謂《いえ》らく、『世界平和の希望は夢想のみ、しかもこの夢や甚だ美ならず』と。然《しか》り平和の夢は将軍にあっては醜ならん、将軍は実に美しき夢想者なりき。将軍が仏国に捷《かっ》て五十億フランの償金とアルザス、ローレンの二州を割取せるにもかかわらず、しかも仏国の商工のかえって＊駸々《しんしん》として繁栄し、独逸《ドイツ》の市場の俄《にわか》に一大困頓《こんとん》挫敗を招けるを見て、＊怫然赫然《ふつぜんかくぜん》として怒れるの一事は、これ将軍が美しき夢の結果なりき。美しき夢の結果は甚だ醜ならずや。

蛮人の社会学

○而《しか》してモルトケ将軍は再び美しき武力をもって仏国に向って大打撃を加え、彼をして衰敗起《た》つ能《あた》わざるに至らしめんと企図せることしばしばなりき。これ一に武力の捷利《しょうり》をもって国民の富盛を期せんとするモルトケ将軍の政治的手腕なり。もし這様《しゃよう》の心術をもって、二十世紀国民の理想として崇拝せざるべからずとせば、吾人何の時か能く蛮人の倫理学、蛮人の社会学以上に出るを得んや。

小モルトケの輩出

○しかも軍国主義全盛の結果として、モルトケ将軍は現代の理想となれり、摸型となれり。小モルトケは世界到るところに輩出せること雨後の春艸《しゅんそう》と一般なり。東洋の一小国にも小モルトケは揚々として濶歩せり。

○彼らは軍備制限を主唱せる＊ニコラス二世皇帝陛下を夢想者《ドリーマー》なりと嘲《あざけ》れり、平和会議を滑稽なりと罵《ののし》れり。彼らは常に平和を希図すと説くの舌をもて、一面においては即ち軍備は美事なり、戦争は必要なりと唱道す。我はその矛盾を責めざるべし、姑《しばら》く社会が軍備と戦争を要すというの故を聴かん。

その二

マハン大佐

○近日軍国の事に通ずるをもって称せらるる者、*マハン大佐に若《し》くはなし。彼の大著作は英米諸国の軍国主義者、帝国主義者のオーソリチーとして、洛陽紙価ために貴きを致す、而《しか》して我国士人のまたこれを愛読する者多きは、その訳書の広告の頻繁なるを見て知るべし。故に軍国主義を論ずる者、先ず彼の意見を徴するは、便益にしてしかも義務なるを信ず。

軍備と徴兵の功徳

○マハン大佐が軍備と徴兵の功徳を説くや甚だ巧なり。曰《いわ》く

軍備が経済上においては生産を*萎靡《いび》せしめ、人の生命と時間とに課税する等の不利もしくば害毒については、日々吾人の耳朶《じだ》を聾《ろう》せしむるところにして、新に説くの要なし。

しかれども一方よりこれを見れば、その利益はその弊害を償うて余あらざるか。彼《かの》長上権力の衰微し紀綱の弛《し》廃《はい》する甚しきの時に方《あた》って、年少の国

民が秩序と服従と尊敬とを学習すべき兵役という学校に入り、その躰軀は組織的《システマチカリー》に発達され、克己や勇気や人格が、軍人の要素として養成せられんことは何の用なきか。多数の年少がその閭里《りより》*市街を去りて一団となり、高等の智識ある先輩に混じて、その精神を結合しその働作を共同にすべきを教えられ、憲章法規の権力に対する尊敬の念を養われてその家に帰らんことは、今日の如き宗教壊頽《かいたい》の時において何の用なきか。見よ、初めて教練せらるる新兵の態度働作をもって、既に教練を経たる兵士が街上に群がれる時の容貌体格に比較し見よ、如何《いか》にその優劣の甚しきかを知るに足らん。軍人的教練は、他年活潑なる生計を営むにおいて決して有害なる者にあらず、少くとも大学における年月の費消よりも有害なる者にあらず。而して各国民が相互にその武力を尊敬《レスペクト》するがために、平和は益《ますま》す確保され戦争はその数を減じ、偶《たま》また衝動《コンワルシヨン》の事あるもその経過は極めて急速にしてその鎮定は極めて容易なる、これ何の用なしとするか。けだし戦争は百年以前にあっては慢性症の疾病たりしも、今日においてはその起る極めて稀《まれ》にしてむしろ急性の発作たり。故に急性的戦争の発作に応ずるの準備、即ち善良なる原因のために戦うの心は、元より善美の事たるを失わずして、而《しか》してこの心や兵士が傭兵たりし当時よりも、夐《はる》かに広大旺盛なるを見るなり、何となれば今や国民即ち兵士にして、単に一君主の奴隷たる者にあらざればなり。

マハン大佐の言巧ならざるにあらず、しかも我はその甚だ論理に違えるを見る。

戦争と疾病

○マハン大佐の所論を剖析《ほうせき》*すれば、曰《いわ》く、戦闘を習うて秩序と尊敬と服従の徳を養うは、今日の如く権力衰微し紀綱弛廃《しはい》するの時に当って尤《もっと》も急要なり。曰く、しかれども戦争は疾病なり、百年前においては慢性症疾病なりき、今日は国民皆兵にして戦争は減少せり、偶《たまた》まこれあるも急性なり、この健康の時において常に急性の発作に応ずるの準備及注意は必要なりと。しからば則ちマハン大佐は、国民が戦争という慢性病に罹《かか》れるの時代は、これ秩序あり紀綱張るの時代にして、健康の時代は即『綱紀弛廃し』『宗教壊頽《かいたい》』するの時代と為す者なり。奇ならずや。

権力衰微と紀綱の弛廃

○マハン大佐が権力の衰微、紀綱の弛廃という者は、けだし社会主義の発生を指す者なり。その妄なるや言を須《ま》たず。しかれども仮に現時をもって百年以前に比して紀綱弛廃せりとせよ、仮に社会主義者が現社会のいわゆる秩序と権力を破壊せんと試むるをもって、紀綱弛廃し宗教壊頽の結果なりとせよ、徴兵の制と軍人的教練は果してこれを防遏《ぼうあつ》することを得べきか。乞う事実を見よ。

革命思想の伝播者

○米国独立の戦に赴援《ふえん》せる仏国軍人は、大革命における秩序破壊に与《あずか》って有力なる動機たりしにあらずや、巴里《パリ》に侵入せる独逸《ドイツ》軍人は、独逸諸邦における革命思想の有力なる伝播者たりしにあらずや、現時欧洲大陸の徴兵制を採用せる諸国の兵営が、常に社会主義の一大学校として現社会に対する不平の養成所たるは、較著なる現象にあらずや。我は社会主義的思想の隆興を希《ねが》う、而してこれを養成すというの故をもって、決して兵営を排斥する者にあらず。しかもマハン大佐の言の如く、兵士の教練は長上に対する服従と尊敬の美徳を養い得べしというの謬妄なるを知るべからずや。

○然《しか》り、シーザー*の軍隊は、いくばくかその国家の秩序に向って尊敬の心を有せしや、クロムエルの軍は、初め彼らが国会のために抜けるの剣を揮《ふるい》て、かえってその国会を覆えせしにあらずや。彼らはただシーザー、クロムエルあるを知れるのみ、国家の秩序紀綱あるを知らざるなり。

疾病の発生

○人の軍人的教練を受くる、単に善良の目的に向って戦うがためか、即ちいわゆる急性疾病の治療に応ずるがためか。もし果してかくの如くなりとするも、彼らは百年この治療の期を得ずんば、悠然として長くその教練をもって始め教練をもって終うるに堪うべきや、否な必ずや自らこの疾病を発生せしめてもって甘心せんとするなり。

徴兵制と戦争の数

○故に国民皆兵にして王侯の奴にあらざるは洵《まこと》に然《しか》り。しかれどもこれをもって各国民相互にその武力を尊敬《レスペクト》するがために戦争を減少すというに至っては妄も甚し。古代希臘《ギリシア》及び伊太利《イタリア》においては国民皆兵にして、必しも王侯の奴にあらざりき、しかも戦争はいわゆる慢性症なりしにあらずや。彼《かの》傭兵が弱国を征伐するに方《あた》って、純然たる徴兵よりも便利なることはこれあり、しかれども国民皆兵の徴兵制は、決して戦争を未発に防禦しもしくは減少する者にあらず。奈勃翁《ナポレオン》の戦も徴兵なりき、近代欧洲の澳仏戦争、クリミヤ戦争、澳普戦争、普仏戦争、露土戦争、頻紛《ひんぷん》として徴兵制の下にその惨を極めしにあらずや。

○もし近時の相《あい》匹敵すべき両国間の戦争が、その終局速《すみや》かなりとせば、これ国民の軍人的教練の完全なるがためにあらずして、戦争の惨害極めて大なるに由るのみ、もしくは人の道理を反省するの更に速なるがためのみ。

戦争減少の理由

○もしそれ一千八百八十年以来、相匹敵すべき強国間の戦争殆ど迹《あと》を絶てるは、これ両国民が相互の尊敬にあらずして、ただその結果の恐怖すべきを洞見し、その狂愚なるを悟れるによるのみ。独仏はその戦争の共倒れに終うべきを知る、露帝は一等国と戦うの結果が破産と零落《ルーイン》なることを知る。

○彼ら強国の相戦わざるはこれがためのみ、徴兵の教練が尊敬心を養成せるの功果にあらざるなり。見よ彼らは今や大にその武を亜細亜《アジア》、阿非利加《アフリカ》に用いんとするにあらずや。然り彼らが虚栄の心、好戦の心、野獣的天性は、かえって軍人的教練によって熾《さかん》に煽揚せられつつあるなり。

その三

○軍国主義者は曰《いわ》く、鉄が水火の鍛練を経て犀利《さいり》の剣となるが如く、人は一たび戦争の鍛練を経ずんば決して偉大の国民たるを得ず。美術や科学や製造工業や、戦争の鼓舞刺激なくして能《よ》く高尚なる発達を為すは稀《まれ》なり、古来文芸の大に隆興せるの時代は、多くはこれ戦役後の時代に属す。*ペリクレスの時代は如何《いかん》、ダンテの時代は如何、エリザベスの時代は如何と。我は平和会議の主唱せられし当時、英国の軍国主義者の有力なる一人がこの説を為せるを見たり。

○然《しか》りペリクレスやダンテやエリザベスの時代の人民は皆な戦争を知れり。しかれども古代の歴史は殆ど戦争をもって充塡《じゅうてん》す、戦争を経たるは特《ひと》りこれらの時代のみにあらざるなり、その他の時代もまたこれを経たるなり、豈《あ》に彼らの文学が一に戦争の余沢《よたく》というを得べけんや。故に彼らの文学が戦後急速に隆興せるか、もしくは彼らが戦争に関聯《かんれん》せる一貫の特徴あるを証するにあらずんば、未だ牽強附会《けんきょうふかい》たるを免れざるなり。

○古代希臘《ギリシア》の諸邦中、戦を好み戦に長ぜるはスパルタに如《し》くはなし。而《しか》して彼《か》れスパルタや、果して一の技術や文学や哲理の伝うべき者あるや。*英国ヘンリー七世及びヘンリー八世の朝《ちょう》はこれ猛烈なる内乱相踵《つ》げるの後なりき、しかも文芸の発達毫《ごう》も見るべきなきにあらずや。エリザベス時代の文学復興は遠くアルマダ戦争の以前に兆《きざ》せる者にして而してスペンサーやセークスピアやベーコンは決してこの戦争のために出ずるというを得ざるなり。

欧州諸国の文芸学術

○*三十年戦争は独逸《ドイツ》の文学科学をして、一たび消沈萎靡《いび》せしめ了《おわ》りしなり。*ルイ十四世即位当時に盛なりし仏国の文学科学は、彼の*黷武《とくぶ》によって衰微を極め、更にその晩年に至って復興し来れるなり、而して仏国の文学はその戦勝の時代よりもその困敗の時代において常に盛なりしを見ずや。*近代英国のテニソン、サッカレーの文学、ダルウィンの科学をもってクリミヤ戦争の勝利に皈《き》すとせば、誰かこれを笑わざらん。近代露国のトルストイ、ドストエフスキー、ツルゲネフの文学をもってクリミヤ戦争の敗北に皈すとせば、誰かこれを笑わざらん。独逸の諸大家は、普仏戦争の後に出でずして前に出ず、米国文学の全盛期は内乱の後にあらずして前にあり。

日本の文芸

○我日本の文芸も、また奈良平安に盛にして*保元平治に衰え、北条氏の小康を得て僅《わず》かに復興の運に向えるも、元弘以後南北朝より応仁の乱を経て元亀天正に至るの間、殆ど湮滅《いんめつ》に帰し、ただ五山の僧徒によって一縷《いちる》の命脈《めいみゃく》を持したることは、少しく史を読む者の首肯するところなり。
○故に文芸が戦争以後に盛なることもしこれありとせば、これただ戦争の間、ために圧伏され阻礙《そがい》されたる文芸が、僅《わずか》に太平の時を得てその頭を擡《もた》ぐる者にして、決して戦争のために促進さるるにあらざるなり。＊紫式部や赤染衛門や清少納言や、戦争のために何の感化を被《こうむ》れるや、山陽や馬琴や風来や巣林や、戦争のために何の鼓吹を受けたるや、鷗外や逍遥や露伴や紅葉や、戦争と何の関係を有するや。
○我は戦争が社会文芸の進歩を阻礙するを見たり、未だこれが発達を助くるを見ず。日清戦争より発生せる『膺《う》てや懲《こら》せや清国を』という軍歌をもって、我は大文学と名《なづ》くるを得ざるなり。

武器の改良

○彼の刀槍艦砲の改造進歩してその堅牢と精鋭を加うるは、あるいは戦争の力あるに似たり、しかもこれ皆な科学的工芸進歩の結果にして、実に平和の賜にあらずや。仮にこれをもって戦争その物の功果なりとするも、しかもこれらの発明改造が、国民をして高尚偉大ならしむるゆえんの智識と道徳において、いくばくの貢献するところあるや。

軍人の政治的材能

アレキサンドル、ハンニバル、シーザー

○然《しか》り軍国主義は、決して社会の改善と文明の進歩に資するを得る者にあらず、戦闘の習熟と軍人的生活は、決して政治的社会的に人の智徳を増進し得る者にあらず。我はこの点において更に適当の証左を得んがために、古来の武功赫々《かくかく》たる軍陣的英雄が、その政治家としての材能と、文治的成蹟《せいせき》の、如《い》何《か》に憫《あわ》れむべきかを示さん。

○古代にあって*アレキサンドル、ハンニバル、シーザーの三者は豪傑中の豪傑として、三尺の童子も能《よ》くその名を記せり。しかも彼らはその能く破壊するに比して、毫も建設の力あらざりき。アレキサンドルの帝国《エンパイア》や、政治学的眼光よりこれを観る、実にあり得べからざるの現象なり、彼《か》れただ*一時征服のコンヴルションのみ、これをもってその分崩《ぶんぽう》の踵《きびす》を旋《めぐ》らさざりしは自然の理なり。ハンニバルの武略智謀は伊太利《イタリア》を圧倒する十五年、その威勢は羅馬《ローマ》人をして敢て仰視すること能《あた》わざらしめたり、しかも*カルセーギの膏《こう》肓《こう》に入れるを救う能わざりき。シーザーの陣に臨むや餓虎の如きも、その政治の壇上に立つや盲蛇の如し、ただ羅馬民政を堕落せしめしのみ、ただ万人の怨府となりしのみ。

義経、正成、幸村

○*源義経は戦争に巧なりき、楠正成や真田幸村や、また戦争に巧なりき、しかも誰か能《よ》く彼らの政治的手腕を信ずることを得るか。彼らの完全なる軍人的資質をもって政治壇上に立たしめば、果して北条氏九代、足利氏十三代、徳川氏十五代の基を開き得べしとするか。

項羽と諸葛亮

○大小七十四戦に勝てるの*項羽は、法を三章に約せるの高祖に及ばざりき、諸葛亮が八門遁甲は、遂に武帝の孟徳新書に及ばざりき。社会の人心を繋ぎて天下の太平を致すゆえんの道は、搴旗斫将《けんきしやくしょう》の力にあらずしてけだし別にあるあればなり。

フレデリッキと奈勃翁《ナポレオン》

○近代武人の尤《もっと》も政治的功績を奏せるは、*フレデリッキと奈勃翁《ナポレオン》の二者なり。しかれどもフレデリッキは初めより武人の生活を憎むこと甚しくして、戦闘を習うはその極めて苦痛とせしところなりき、彼はいわゆる軍国主義的理想の適当なる代表者にあらざるなり。而《しか》して彼すらもなお未だ牢固なる建設をその死後に遺すこと能《あた》わざりき。奈勃翁の帝国が両国橋上の煙花と一般、*忽《たちま》ち輝きて忽ち消《きえ》しは言を須《ま》たず。

ワシントン

○ワシントンは賢者なり、彼やいわゆる出ては将たり入ては相たる者なりき。

しかも彼は決して純然たる武人をもって目すべからず、彼の戦うや偶然やむなきの時運に迫られし者にして、兵馬を喜ぶ者にあらざりき。

米国の政治家

○米国において軍人的素養ある者が、かつて上乗の政治家に列せざりしは、特に注意すべきの値いあり。武人にして初めて米国大統領たる者、アンドリウ・ヂャクソンにあらずや、而《しか》して官職争奪の事は実に彼の時より初まれるにあらずや。

グラントとリンコルン

○グラント将軍は、近時の武人中尤《もっと》も尊敬すべきの人物となす、しかもその大統領としての成績甚だ良からざりしは、彼の党員すらも争う能わざるの事実にあらずや。彼の忍耐なるも彼の正直なるも、戦争における技能手腕の、文事に応用すべからざるを如何《いかん》せん。

○我はリンコルンが能く軍事に通暁して、その劃策《かくさく》するところは諸将校の決して企及し得ざりしを見る、しかれどもこれ偶《たま》また《》まもって、真個の大政事家は能く軍国の事をも料理し得るを証するのみ、軍人的教練が大政治家を作るという愚論の証左たる者にあらざるなり。けだし孔子言えるあり、文事ある者は必ず武備ありと、ワシントンやリンコルンや即ちこれなり、しかれども武備ある者必しも文事あることを得ず、グラント将軍の如きこれなり。

ネルソンとウェルリントン

○英国近代にあって功名世界に照燿《しょうよう》し、軍人の理想たり軍国主義者の崇拝の焼点たる者、陸には＊ウェルリントンあり、海にはネルソンあり。ウェルリントンが政治的手腕は、少しく凡庸政治家の上に抜く者ありき、しかも決して一代を経営し万民の指導たるの材にあらざりき。彼は鉄道の下等乗客に与うる便利をもって、『下層人民をして無用に国中を遊行せしむる者』として、これに反対せるにあらずや。而《しか》してネルソンの事に至ては、殆ど言うべきなし、彼は海軍軍人としての外は寸毫《すんごう》の価値なき人物なりしなり。

山県、樺山、高島

○飜《ひるがえっ》て我国に見よ、如何《いか》に彼ら軍人が政治的手腕の賞賛すべき者あるか。東洋のモルトケ、ネルソン、ウェルリントンをもって擬せられ崇拝さるるの＊山県侯や、樺山伯や、高島子や、明治の政治史、社会史において果して何の特筆すべき者あるか。選挙干渉議員買収の俑《よう》を作って、我社会人心を腐敗堕落の極点に陥らしめたる罪悪は、彼ら実にその張本たるにあらずや。

○我をもって漫《みだり》に軍人軍隊を罵《ののし》る者となすなかれ。我は農工商中に智者賢者あるが如く、軍人中にもまた智者賢者あることを知る。我はこれを尊敬する

軍人の智者賢者

に躊躇《ちゅうちょ》せじ。

○但《た》だこの智者や賢者や、軍隊的教練を経てもしくは戦争を経て後初め生ずる者にあらず。手に銃剣なく肩に*エボレットなく胸に勲章なしといえども、智者賢者は能《よ》く智者賢者たるなり。而して彼らは如何に智にして如何に賢なるも、その軍人たる職務としては、その軍人的教育の功果としては、社会全般に向って何の利益をも与うることなし。

○統一を習うと言うことなかれ、人を殺すの統一は何の尊ぶべきか、規律に服すと言うことなかれ、財を糜《び》するの規律は何の敬すべきか、勇気を生ずと言うことなかれ、文明を破壊するの勇気は何の希《ねが》うべきか。否なこの規律、統一、勇気すらも、彼ら兵営を出る一歩なれば、茫としてその痕《あと》を止《とど》めざるなり。羸《あま》すところは、ただ強者に盲従して弱者を凌虐《りょうぎゃく》するの悪風のみ。

その四

軍国主義の弊毒

○軍国主義と戦争はただに社会文明の進歩に利せざるのみならず、これを戕《しょう》賊《ぞく》しこれを残害するの弊毒実に恐るべき者あり。

アゼンとスパルタ

○軍国主義者は曰《いわ》く、古代文明が歴史に現出せるの時は、皆な兵商一致の社会にあらずやと。彼らは即ち古代埃及《エジプト》、古代希臘《ギリシア》の事を挙げて、もって軍備が文明を進むるの証左と為さんとす、しかれども誤れり。我は信ず、埃及をして能《よ》く武力的征服、軍備的生活の国に堕落することなからしめば、その繁栄は更に幾百年を持続し、その命脈《めいみやく》は更に幾千年を保存せしやも知るべからずと。もしそれ希臘は別に一考の価いあり。
*
○古代希臘の武を事とする、諸邦自ら同じからず。スパルタは徹頭徹尾軍国主義を持したりき、その生活は調練なりき、その事業は戦争なりき、他あることなし、而《しか》してその文明の事物において一個の見るべきなきは、前に既にこれをいえり。アゼンに至ては未だかくの如く甚しからず。ペリクレスは曰《いわ》く、吾人は彼の調練をもって労々自ら苦しむことを為さずといえども、しかも一朝事あるに当っては吾人の勇気は沮喪《そそう》せざるなり、吾人は彼《かの》戦争に応ずるの準備に汲々としてその生涯を調練のために送尽する者に比して、決して劣るところなきを得べし、これ大なる利益にあらずやと。近世の軍国主義者は果してスパルタを撰《えら》まんとするや、アゼンを取らんとするや。

○彼ら如何《いか》に頑愚とするも、豊富なるアゼンの文明を棄てて、スパルタの野獣的軍国主義を賛ずることを敢てせじ。しかも軍国主義者の持説に照すに、スパルタは正に彼らの最大理想に合する者にあらずや。

○軍国主義あるいは曰わん、吾人はスパルタの甚しきを希《ねが》わず、ただ善くアゼンの軍国主義に倣《なら》わばもって善美なるを得んと。然《しか》りスパルタに比すればなお可なり。しかれども思え、アゼンといえども、その軍備は彼が政治の改良に与《あずか》って何の功ありしか、その社会的品性の上進に与って何の功ありしか、彼らの市民をして戦争を煽起せしむる外は果して何の利害ありしか。彼らはペロポンネシアン戦争に従事すること三十年、軍国主義の利益と功果はこの時において当《ま》さに極点に発揮さるべきはずにあらずや、しかも結果はこれに反せり、ただ腐敗と堕落ありしのみ。

ペロポンネシアン戦後の腐敗

○ペロポンネシアン戦争が、全く希臘人民の道徳を一掃し信仰を破壊し、理義を湮滅《いんめつ》して、如何に悽惨の状を極めしかを見んと要せば、乞うタシチデスの千古の大史筆を倩《やと》わんかな。タシチデスは描て曰く

タシチデスの大史筆

諸市府の騒擾《そうじょう》一たび起るや、革命的精神の流行は*置《ち》郵《ゆう》して命を伝うる如く、

悉《ことごと》く従来の物件を破壊し尽さずんばやまず、その計図はいよいよ出でていよいよ暴に、その復讐はいよいよ出でていよいよ惨なり。言語の意味は最早《もは》や実際の事物と同一の関係を有せずして、ただ彼らが適当と思惟するが如くに変更せられたりき。*暴虎《ぼうこ》馮河《ひょうか》は義勇をもって称せられき、思慮慎*密は怯者《きょうしゃ》の口実と称せられき、温和は軟弱の仮面と称せられき、万事を知るは一事を成さざる者となりき。狂顚的精力は真個《しんこ》男子の本性となりき。……狂暴を愛する者は信任され、これに反する者は嫌疑されたりき……初めより徒党の隠謀に与《あず》かるを好まざる者は、*離間者をもって目せられ、敵を怖るるの怯者《きょうしゃ》とせられたりき、……悪事をもって他を陥擠《かんせい》する者は感歎せられ、良民を煽動して罪悪に誘う者も更に感歎されたりき、……復仇は*自全《じせん》よりも尊かりき、各党派間の一致結合はただその勢力なくしてやむをえざるの間のみ、彼らの他党を圧倒するに方《あた》てや奸策暴行為さざるところなく、而《しか》して恐怖すべき復讎《ふくしゅう》はまた次《つい》で至る。……かくの如くにして革命は希臘人《ギリシア》の一切の悪徳を醸生せり。高尚なる天性の一大要素なる質朴という一事は、一笑に付せられて迹《あと》を絶てり、醜陋なる*争闘《そうげき》戦闘の心は到《いた》ところに熾《さかん》にして、一語のもって彼らを和するに足る者なく、一の宣誓のもって彼らに信奉せしむるに足る者なかりき。……卑劣なる才智は一般に最も成功する者なりき。

ああこれ古代の最大文明国而して一切の市民が皆な軍隊的教練を経たるの地において、軍国主義者が賛美する戦争の養成したる結果にあらずや。我日本の軍国主義者も、また日清戦後の社会人心の状態がややこれに髣髴《ほうふつ》たるを見て、定めて満足を表するならん。

羅馬《ローマ》に見よ

○下って羅馬《ローマ》に見よ、彼らの勇戦奮闘して伊太利《イタリア》諸州の自由を奪うの結果は、羅馬市民に如何《いかん》の品性を養い得しや、如何の美徳を長じ得しや。内国は遂に惨憺たる屠殺の場となれり、*マリアスは出たり、シルラは出たり、民政共和の国は変じて貴族専制の国となれり、自主の市民は*蠢爾《しゅんじ》たる奴隷となれるにあらずや。

ドレフューの大疑獄

○近時世界の耳目を聳動《しょうどう》せる*仏国ドレフューの大疑獄は、軍政が社会人心を腐敗せしむる較著なる例証なり。

○見よその裁判の曖昧なる、その処分の乱暴なる、その間に起れる流説の、奇怪にして醜辱なる、世人をして殆ど仏国の陸軍部内はただ悪人と痴漢とをもって充満せらるるかを疑わしめたり。怪しむなきなり、軍隊の組織は悪人をしてその兇暴を逞《たくま》しくせしむること、他の社会よりも容易にして正義の人物をして痴漢と同様ならしむるの害や、また他の社会に比して更に大なり。何となれば陸軍部内は圧制の世界なればなり、威権の世界なればなり、階級の世界なればなり、服従の世界なればなり、道理や徳義やこの門内に入るを許さざればなり。

○けだし司法権の独立完全ならざる東洋諸国を除くの外は、かくの如きの暴横なる裁判、暴横なる宣告は、陸軍部内にあらざるよりは、軍法会議にあらざるよりは、決して見ることを得ざるところなり。然《しか》りこれ実に普通法衙《ほうが》のいやしくも為さざるところなり、普通民法刑法のいやしくも許さざるところなり。

○しかも*赳々《きゆうきゆう》たる幾万の貔貅《ひきゆう》、一個の進んでドレフューのために、その冤《えん》を鳴してもって再審を促す者あらざりき、皆曰《いわ》く、むしろ一人の無辜《むこ》を殺すも陸軍の醜辱を*掩蔽《えんぺい》するに如《し》かずと。而《しか》してエミール・ゾーラは*蹶然《けつぜん》として起《た》

ゾーラ蹶然《けつぜん》として起《た》てり

てり、彼が火の如く花の如き大文字は、*淋漓《りんり》たる熱血を仏国四千万の*驀頭《ばくとう》に注ぎ来れるなり。

○当時もしゾーラをして黙してやましめんか、彼《か》れ仏国の軍人は遂に一語を出すなくして、ドレフューの再審は永遠に行われ得ざりしや必《ひつ》せり。彼らの恥《はじ》なく義なく勇なきは、実に市井の一文士に如《し》かざりき。彼《かの》軍人的教練なる者ここにおいて一毫《いちごう》の価値あるや。

堂々たる軍人と市井の一文士

○*孟子曰く、自ら反して直《なお》くんば千万人といえども我れ往《ゆ》かんと、この意気精神、ただ一文士ゾーラに見て、堂々たる軍人に見ざるは何ぞや。

○あるいは曰く、長上に抗するは軍人の為すべからざるの事、かつ為すを得ざるの事なり、ドレフュー事件の際における仏国軍人の盲従は、未だもって彼らの道心欠乏を証するに足らずと。果して然るか、しからば即ち更に著大の例を見ん。

キッチェネル将軍

○現下トランスワールに転戦せる*キッチェネル将軍は、英国の軍国主義者、帝国主義者が鬼神の如く崇敬せるの人にあらずや。而して見よ、彼や嚮《さき》に蘇丹《スーダン》を征して、マーチの墳墓を発掘してもって甘心せるの人その人にあらずや。*呉子胥《ごししょ》が父仇を報ぜんがために平王の屍を鞭《むちう》てるは、二千年の以前にあって既に識者の唾罵《だば》するところ、いわんや十九世紀末葉の文明時代において、公然大英国国旗の下に、蛮人の聖者と呼び救世主と称せる偉人の墳墓を発掘するは、マハン大佐のいわゆる克己忍耐勇気を養成せるの軍人にして、初めて忍び得るのことならん。天下の人を挙げて、尽く軍国宗の信徒となし、マーヂの墳墓発掘の心をもって理想となし、一国の政治をもってこの残忍の手に委ねらるるとせば、豈《あに》また恐るべからずや。

露国軍隊の暴虐

○近く北清における露国軍隊の暴虐を見よ、通州の一地方のみにして、彼らのために脅かされ、水に赴て死するの婦女七百余人、ただこの一事、人をして*酸鼻し髪指《はつし》せしむるにあらずや。軍人的教練と戦争の準備が能《よ》く人格を高くし道義を養成すとせば、彼《か》の十三、四世紀以来戦闘に生れ戦闘に死するのコサックは、人格高く道義盛なるべきの理なり、しかも事実は正にこれと相反するを如何《いかん》。

○もし軍国主義が、真に国民の智徳を*扶植しその地位を上進せしむるの功果ありとせば、土耳其《トルコ》は欧州第一の高地位にあらざるべからず。

土耳其《トルコ》の政治

○土耳其の政治は軍国の政治なり、土耳其の予算は軍資の予算なり。その武力より見れば彼は決して弱国にあらず、彼《か》の覇権は十九世紀において全く地に墜つといえども、しかも善く*ナワリノに戦えり、善くクリミヤに戦えり、善くプレヴナに戦えり、善くテッサリーに戦えり、彼は決して弱国にあらず。

○しかもこれ実に彼《か》れの誇りとするところなるか、誇りとするに足る者なるか。その腐敗、その兇暴、その貧困、その無識、凡《およ》そ総ての文明的地歩において欧洲中の最下位に居る者は、実に彼れにあらずや。その国家的運命はまさに絶えなんとする縷《いと》の如く、*ニコラス一世のいわゆる病人《シックマン》をもって遇せらるる者は彼れにあらずや。

独逸《ドイツ》と一代道徳の源泉

○独逸《ドイツ》は概してこれを言う、なお高等の教育ある国民たるを失わず、多くの文芸や科学やなお燦然《さんぜん》として存せり。しかも鉄血主義軍国主義が彼《か》の上下を一掃して後《の》ち、当年の高遠なる倫理的思想今安《いず》くにあるや。

○彼《かの》国民やかつて欧洲における一代道徳の源泉たりき。*カント、シルレル、ヘルデル、ゴエテ、リヒテル、フィヒテ、ブルンチュリー、マークス、ラサール、ワグネル、ハイネ等の名は、文明諸国の仰《あおい》でもって宗とするところにして、その感化の勢力や実に広大無辺なることを得たりき、しかも今安《いず》くにあるや。今や吾人は、多くの芸術、多くの科学を独逸《ドイツ》に学べり、しかも哲学において、倫理において、正義人道の大問題において、一個の大に今の独逸の文学に学ばんとする者あるか、一個の大に今の独逸人の教示を渇望する者あるか。社会主義という理想のなお中流の砥柱《しちゅう》たるを除くの外は、欧洲諸国の仰でもって宗とするに足る者あるか。

麟鳳《りんほう》は荊棘《けいきょく》に棲《す》まず

○怪しむなきなり、＊麟鳳《りんほう》は荊棘《けいきょく》に棲《す》まず、ビスマーク公、モルトケ将軍を理想とせるの世界には、ゴエテ、シルレルの再生望み易からざるなり。可憐なる軍国主義者よ、汝はただ＊ウィルヘルム、ビューロー、ワルデルシーをもって、いくばくの文明を進歩し得べしとするか。

○故に我はいう、軍国政治の行わるる一日なれば、国民の道義は一日腐敗するなり、暴力の行わるる一日なるは、理論の滅絶一日なるを意味するなり。

独逸皇帝と不敬罪

独逸がビスマーク公の独逸となって以後、その欧洲における倫理的勢力《インフルエンス》を失せるは自然の理なり。現時のウィルヘルム二世皇帝がその即位後十年間に、不敬罪をもって罰せらるる者幾千人なりしを見ずや、而《しか》してこの罪人中多数の丁年未満者ありしを見ずや、これ我忠良なる日本臣民の夢想だも為《な》さざるところならん。軍国主義者はなおこれをしも希《ねが》うべしとするか、かくの如きにしてなお軍国政治を名誉なりとするか。

その五

決闘と戦争

○軍国主義者は更に戦争を賛して曰《いわ》く、国家の歴史は戦争の歴史なり、個人間の紛議が決闘《デユーエル》によって最後の判定を得るが如く、国際間の紛議に最後の判定を与うる者は戦争なり、坤輿《こんよ》に国家という区別存するの間は、即ち戦争はやむべからず、戦争あるの間は、即ち軍備の必要はやむべからず。かつそれ戦争は実に吾人が強壮の力、堅忍の心、剛毅の性を相較して、真個《しんこ》丈夫児の意気精神を発揚するゆえんなり。もしこれなくんば天下は変じて*懦弱《だじやく》なる巾幗《きんかく》の天下となり了《おわ》らんと。豈《あ》にそれ然《しか》らんかな。

○我はここに個人間における決闘の是非利害を言うの余地なし。しかれども戦争をもって決闘に比するは不倫の極なることを断言す。西洋のいわゆる決闘《デユーエル》や、日本のいわゆる果合《はたしあ》いや、その目的一名誉あるのみ、一面目あるのみ、その力を較するや、極めて平等の地歩を占め極めて公明の闘いを為す、而《しか》して一人傷《きず》つきもしくは死せば即ち事これに了《おわ》りて、他日また一毫《いちごう》の心に介するなし、真に丈夫のためたるを失わざるなり。而して戦争に至っては全くこれと相反す、その目的の卑汚、手段の陋劣至らざるところなきなり。

○古のいわゆる名乗を揚げて一騎打の勝負を為せるの戦争は、やや決闘と似たるあり、しかれどもこれ戦争にあっては尤《もっと》も迂《う》闊《かつ》として嘲笑するところにあらずや。*戦争はただ狡獪《こうかい》なるを要す、ただ譎詐《けっさ》なるを要す。その地歩の平等と方法の公明を重ずるが如きは、宋襄《そうじょう》の仁として千古の笑柄《しょうへい》たるにあらずや。

猾智を較するの術

○然《しか》り戦争はただ猾智を較するの術なり、その発達は猾智の発達なり。未開の蛮人が猾智を弄《ろう》するや、大抵敵の不意に出るにあり、伏兵にあり、夜襲にあり、糧道を絶つにあり、*陥阱《かんせい》を設くるにありき。而してその猾智の及ばざる者は、その身は亡されその財は掠《かす》められその地は奪われ、優者適者即ち狡獪譎詐に長ずる者独り存するのみ。ここにおいてか尋常の智術その用を為さずして、更に幾多の教習調練を要するに至る、而してこれらの教習調練のまた甚だその用を為さざるに至るや、更に大に武器の技巧を相競うに至る。これ古来戦争の技術が発達進歩せる大体の順序なり。

戦争発達の歩一歩

○戦争発達の歩一歩は、ただいかにして敵人を陥擠《かんせい》せんかを講ぜるにあり、その目的の如何《いか》に卑汚にしてその方法の如何に陋劣なるも、肯《あえ》て問うところにあらざりき。これ豈《あ》に個人の決闘と日を同じくして語るべけんや、これ豈に男子の美徳なる強壮、堅忍、剛毅を相較する者というべけんや。宜《むべ》なり、個人の決闘はその勝敗をもって最後の判決となすにもかかわらず、戦争に至っては、常に復讐《ふくしゅう》をもって復讐に次ぐの惨事を演出することや。

○所詮戦争は隠謀なり、詭計なり、女性的行動なり、狐狸的智術なり、公明正大の争いにあらざるなり。社会が戦争を快としてこれを重んじこれを必要とするの間は、人類の道義は遂に女性的狐狸的を脱出すること能《あた》わざるなり。

○而して今や世界各国民は、この卑劣なる罪悪を行わんがために、多数の年少を拉《らっ》して兵営という地獄に投じつつあるなり、野獣の性を養わしめつつあるなり。

愛々たる田舎の壮丁

○見よ、愛々たる田舎の壮丁が、泣てその父母兄弟姉妹に別れ、泣てその牛馬雛犬に別れ、泣てその明媚なる山水、長閑なる田園を辞して兵舎に入る。日夕聞く者は長官の厳格なる叱咤《しった》の声なり、見る者は古参兵の残忍なる*凌厲《りようれい》の色なり、重きを負うて東に駆られ西に逐《お》わる、疲を忍んで左に向い右に走る、ただかくの如き者三年、単調なるかな、苦痛なるかな。

○彼ら一日給するところ僅《わずか》に三銭、これ殆ど*乞丐《きつかい》の境遇にあらずや。而《しか》して煙草喫せざるべからず、郵税払わざるべからず、甚しきは即ち常に古参兵の虐遇を免れんがために、その酒食の資を賂《まいな》わざるべからず、その小使金を供せざるべからず。富める者はなお可なり、身少しく貧なる者に至ては、三年の長き実に餓鬼道の苦みなり、*牛頭馬頭《ごずめず》の呵責《かしやく》なり。しかも富者は高等の教育あるをもって免れ、身体*羸弱《るいじやく》なるをもって免るべし、貧民の子は常にこの酷虐と苦痛とに忍ばざるべからず、公なりということを得んや。我は彼らが徴兵の検査を忌避し、舎営を脱走し、自暴自棄の極、往々恥《は》ずべきの死を為すを憎まずして、かえってその心事の甚だ哀しむべき者あるを見るなり。

○それかくの如き者三年、帰来*羸《あま》すところは何物ぞや、ただ父母の老衰あるのみ、田園の荒蕪あるのみ、而して自身の行状の堕落あるのみ。これをしも国家のために必要というか、義務というべきか。

軍備を誇揚するを止めよ

○軍備を誇揚することを休《や》めよ、徴兵の制を崇拝することを止めよ。我は兵営が多数無頼の遊民を産出することを見たり、多くの生産力を消靡《しょうび》することを見たり、多くの有為の青年を*蹉跌《さてつ》せしむることを見たり、兵営所在の地方の風俗が多く壊乱せらるることを見たり、行軍沿道の良民が常に彼らに苦しめらるるを見たり。未だ軍備と徴兵が国民のために一粒の米、一片の金をだも産ずるを見ざるなり、いわんや科学をや、文芸をや、宗教道徳の高遠なる理想をや、否なただこれを得ざるのみならず、かえってこれを破壊し尽さんとするにあらずや。

その六

何ぞ長く相《あい》挑むや

○ああ世界各国の政治家や国民や、何ぞ爾《しか》く多数の軍人、兵器、戦艦を擁して、長く相《あい》挑まんとするや。何ぞ速《すみや》かにその相欺くこと野狐の如く相喰《は》むこと病犬の如きの境を脱出して、更に高遠なる文明道徳の域に進入するを努めざるや。

○彼らは、戦争の罪悪にしてかつ害毒なることを知れり、彼らは可及的これを避けんと希《ねが》わざるはなし、彼らは平和と博愛の、正義にしてかつ福利なることを知れり、彼らは可及的速《すみやか》にこれが実現を望まざるはなし。しかも何《なん》ぞ断々乎《こ》としてその戦争に対する準備を廃して、もって平和と博愛の福利を享《う》けざるや。

○彼らは生産の廉価にしてかつ饒多《じょうた》ならんことを希《ねが》えり、通商貿易の繁栄隆盛ならんことを希えり、而《しか》して軍備が莫大の資本を消糜《しょうび》し生産力を*損耗《そんこう》することを知れり、戦争が通商貿易を阻礙《そがい》し困頓《こんとん》せしむるの太甚なることを知れり。しかも何ぞ直ちに軍備の費用と戦争の力を節省して、これを商工の業に投ぜざるや。

平和会議の決議

○見よ、*一昨年露国皇帝が軍備制限の会議を主唱するや、列国はこれに対して、決して一の違言あること能《あた》わずして、英、米、独、仏、露、澳、白、伊、土、日、清等二十余国の全権委員は明かに『現今世界の重累たる軍備の負担を制限することをもって、人類の有形的及び無形的福利を増進せんがため、大に望むべきものたることを認む』(平和会議最終決議書)と決議せるにあら

僅かに一転歩のみ

ずや。而して彼らは『一般の平和を維持することに協力せんことを切に希望し、全力を竭《つく》して国際紛争を平和的に処理することを幇助《ほうじょ》するに決し……国際的正義の感を*鞏固《きょうこ》ならしめんことを欲し、……国安民福の基礎たる公平正理の原則を国際的協商によって定立するの須要なるを認め』(国際紛争平和的処理条約)てもって仲裁裁判に関する規定を為せるにあらずや。しかも何ぞ更にこの意志観念を推拡して、決然としてその水陸の軍備を撤去することを為さざるや。

○言うことなかれ、今の軍備は即ち平和を確保するゆえんなりと。彼《か》の功名の念熾《さかん》に虚栄の心盛なるの政治家や軍人や、大抵その銃砲を徒《いたず》らに*鏽渋《しゅうじゅう》せしめ、その戦艦を徒らに朽廃《きゅうはい》せしむるに堪えずして、必ずや一日機を見てこれを実地に試みんと願わざるはなき、あたかも酔漢の剣を持して*睥睨《へいげい》するが如し。*岌乎《きゅうこ》として殆《あやう》いかな、その平和の確保より平和の攪乱《かくらん》となるは僅かに一転歩のみ。然り両々相持して力相当るの欧洲列国の間にあっては、勢力均衡主義の名において、姑《しばら》く平和の確保者たらん、しかも少しく人少なく力弱き亜細亜《アジア》、阿布利加《アフリカ》の如きに遇えば、忽《たちま》ち変じていわゆる帝国主義の名において、平和の攪乱者となる。現時の清国や南阿《ア》やもって見るべし。彼《か》の武装に汲々として僅《わず》かに消極の平和を支持するは、何ぞ軍備を撤去して積極の平和を享《う》くるに如《し》かんや。

○而《しか》して彼らがなおその軍備を撤去すること能《あた》わざるのみならず、かえって役々労々としてこれが拡張のために、その国力を竭尽《けつじん》して省みざらんとするは何ぞや。他なし彼らの良心が一にその功名利欲のために掩《おお》わるればなり、その正義と道徳の念は、動物的天性たる好戦心のために圧せらるればなり、博愛の心は虚誇のために滅せらるればなり、理義は迷信のために昧《くら》まさるればなり。

○ああ個人既に武装を解て、国家独り然《しか》ること能わず、個人既に暴力の決闘を禁じて、国家独り然ること能わず、二十世紀の文明はなお弱肉強食の域を脱せず、世界各国民はあたかも猛獣毒蛇の区にあるが如く、一日も枕を高くすること能わず、恥辱《ちじょく》にあらずや、*苦楚《くそ》にあらずや。而してこれ社会先覚の士が漫然看過すべきのところなるか。

猛獣毒蛇の区

第四章　帝国主義を論ず

その一

野獣肉餌《にくし》を求む

○野獣がその牙を磨しその爪を琢《みが》きて咆哮《ほうこう》するは、その肉餌《にくじ》を求むればなり。野獣的天性を脱する能《あた》わざるの彼ら愛国者が、その武力を養いその軍備を拡張するは、一に自家の迷信、虚誇、好戦の心を満足せんがために、その犠牲を求むればなり。故に愛国心と軍国主義の狂熱がその頂点に達するの時においてや、領土拡張の政策が全盛を極むるに至るは、固《もと》より怪しむに足らず。今のいわゆる帝国主義なる政策の流行は即ちこれのみ。

領土の拡張

○然《しか》り、いわゆる帝国主義とは、即ち大帝国《グレーターエムパイア》の建設を意味す、大帝国の建設は直ちに領属版図の大拡張を意味す。而《しか》して我は悲しむ、領属版図の大拡張は、多くの不正非義を意味することを、多くの腐敗堕落を意味することを、而して遂に零落亡滅を意味することを。何をもってかこれを言う。

○それ大帝国の建設が、ただ主人なく住民なき*草萊荒蕪《そうらいこうぶ》の山野を拓開して、これに移植するに止まらしめば、これ甚だ佳《か》なるべし、しかれども智術の日に巧にして交通の日に便なる、今や*渾円球《こんえんきゅう》上何《いずれ》のところにかこの無主無人の地を発見することを得るか。世界到るところ既に主人あり住民ありとせば、彼らの果《はたし》て暴力を用いず、戦争を為さず、もしくば譎詐《けっさ》を行わずして、能《よ》く尺寸の地を占取することを得るか。欧洲列国の亜細亜《アジア》、阿布利加《アフリカ》における、米国の南洋における版図拡張の政策は、皆なこれを行《おこな》えるに軍国主義をもってせるにあらずや、武力をもってせるにあらずや。

○而《しか》して彼ら皆なこの政策のために、日に千万の金を費し、月に数百の人命を損じて、期年を越えてその終局するところを知らず、役々労々として永遠に自ら苦しむ甚しきを致す者、洵《まこと》に彼らが動物的愛国心の勃々《ぼつぼつ》禁ずる能《あた》わざるがためにあらずや。

○思えただその武威を張らんがために、ただその私慾を満《みた》さんがために、恣《ほしいま》まに他の国土を侵略し、他の財貨を掠奪し、他の民人を殺戮しもしくば臣妾奴僕として、而して揚々として曰《いわ》く、これ大帝国の建設なりと。しから

大帝国の建設は切取強盗なり

ば即ち大帝国の建設は直ちに切取強盗の所行にあらざるや。

○切取強盗は武士の習いと思惟せる非義不正の帝王政治家は、これを為してもって快となす、前世紀以前のいわゆる英雄豪傑の事業は多くこれなりき。しかれども見よ、天は決してこの不正非義を恕せざるなり、古来彼らが武力的膨脹の帝国にして能くその終を克《よ》くせる者あるか。彼ら帝王政治家は、初めやその功名利慾のために、もしくば国内の結合安寧を持せんがために、頻《しきり》に国民の獣性を煽揚してもって外国を征するなり、而してこれに勝てその領土を拡張するなり、大帝国は一たび建設せらるるなり、而して国民は虚栄に眩《げん》じ、軍人は権勢を長ずるなり、新附の領土は圧制せられ酷虐せられ、その貢租は重くせられ、その財貨は奪わるるなり、次で至る者は領土の荒廃、困《こん》竭《けつ》、不平、叛乱なり、本国の奢侈、腐敗、堕落なり、而してその邦家は更に他の新興の帝国に征服せらるるに至る、古来の武力的帝国の興亡殆どその揆を一にせざるなし。

武力的帝国の興亡

○在昔《ざいせき》*シピオ、カルセーヂの廃跡を見て歎じて曰く、羅馬《ローマ》もまた一日かくの如くならんと、然り真に一日かくの如くなりき。*成吉士汗《ジンギス・カン》の帝国今安《いず》くにあるか、奈勃翁《ナポレオン》の帝国今安《いず》くにあるか、*神功《じんぐう》の版属今安くにあるか、*豊公の雄図今安くにあるか、ただ朝露の消て痕《あと》なきが如きにあらずや。言うことなかれ、基督《キリスト》教国の帝国は決して亡滅することなしと、羅馬《ローマ》帝国の末年は基督教化されざりしか。言うことなかれ、蓄奴解放以後の帝国は決して衰頽することなしと、西班牙《スペイン》大帝国の本土は蓄奴の制を廃しおりたるにあらざるか。言うことなかれ、工業的帝国は決して零落することなしと、*ムーア人及びフロレンタインは頗《すこぶ》る工業的国民にあらざりしか。

○国家の繁栄は決して切取強盗によって得べからず、国民の偉大は決して掠《りゃく》奪《だつ》侵略によって得べからず、文明の進歩は一帝王の専制にあらず、社会の福利は一国旗の統一にあらず、ただ平和なるにあり、ただ自由なるにあり、博愛なるにあり、平等なるにあり。思え、我国*北条氏治下の人民は、忽必烈《フビライ》の士卒に比して如何《いか》にその生を遂げ得たるよ、現時白耳義《ベルギー》の人民は、独露諸国の人民に比して如何にその太平を楽しめるよ。

零落《ルーイン》は国旗に次ぐ

○誰か言う、『貿易《ツレード》は国旗に次《つ》ぐ』と、歴史は明らかに零落《ルーイン》の国旗に次ぐことを示せり。しかも前車覆えりて後車その軌を次ぐ、走馬燈の廻転究極するところなきが如し。我はシピオをしてまた今日の欧米諸国の末路を嘆ぜしむるを恐るるなり。

その二

国民の膨脹か

○帝国主義者は曰《いわ》く、古の大帝国建設が帝王政治家の功名利欲のためにせるは洵《まこ》とに然《しか》り、しかれども今の領土拡張はその国民の膨脹やむをえざればなり。古の帝国主義は個人的《パーソナル》帝国主義なりき、今の帝国主義は名《な》づけて国民的《ナショナル》帝国主義と称すべし。古の非義と害悪とをもって決して今を律すべからずと。

○真に然るか。今の帝国主義は国民の膨脹なるか。これ少数政治家軍人の功名心の膨脹にあらざるか、これ少数資本家、少数投機師の利欲の膨脹にあらざるか。見よ、彼らがいわゆる『国民の膨脹』せる一面においては、その国民の多数が生活の戦闘《ストラッグル》は日に激甚に赴《おもむ》けるにあらずや、貧富は益《ますま》す懸隔しつつあるにあらずや、貧窮と飢餓と無政府党《アナーキスト》と、及び諸般の罪悪は、益す増加しつつあるにあらずや、かくの如きにして彼ら多数の国民は何の遑《いとま》あって、能《よ》く無限の膨脹をなすことを得んや。

少数の軍人政治家資本家

○しかも彼《かの》少数の軍人、政治家、資本家は、憐れむべき国民多数の生産を妨害し、その財貨を消糜《しょうび》し、その生命をすら奪うてもって大帝国の建設を試みつつあるなり。多数の自国国民の進歩と福利を犠牲として、而《しか》して彼《か》の貧弱なる亜細亜《アジア》人、阿布利加《アフリカ》人及び比律賓《フィリピン》人を*脅赫凌虐《きょうかくりょうぎゃく》しつつあるなり。而して名《な》づけて国民の膨脹という、妄《もう》もまた甚しというべきなり。仮に国民の多数がこの政策に与《くみ》せりとするも、豈《あ》にこれ真個の膨脹ならんや、ただ彼らが野獣的好戦心の巧みに煽起せられたるがためのみ、愛国的虚栄と迷信と狂熱との一時の発越に過ぎざるのみ。その非義と害毒は決して古帝王の帝国主義に譲るところなきを見るなり。

トランスワールの征討

○英国のトランスワールを征するや、ボーア人の独立を奪い自由を奪い、その有利なる金礦《きんこう》を奪い、英国国旗の下に阿布利加を統一して、その鉄道を縦貫せしめ、もって少数資本家、工業者、投機師の利慾を満足せしめんがためなりき、*セシル・ロードの野心とチャンバーレーンの功名を満足せしめんがためなりき。

驚くべき犠牲

而して彼らはこの無用なる目的のために、如何《いか》に恐るべく驚くべき犠牲を供しつつあるかを見よ。

数万人の鮮血の価十億万円

○一千八百九十九年十月、トランスワール戦争の開始以来、我がこの稿を艸《そう》するの時に至るまで殆ど五百日、その間英兵の死者既に一万三千に達す、負傷者は更にこれよりも多し。而して別に不具者となって兵役を免じて家に帰る者三万人、土人の死者に至ってはその数を知らずというにあらずや。

○更に彼らが財政的犠牲を見よ、その二十万の兵士を二千里の外に曝《さら》すがために、多数の船舶の往返《おうへん》のために、一日の費《つい》え実に二百万円を算す、彼らは既に十億円の富をもって両国民の鮮血に代えしにあらずや。而してこの間金礦採掘の停止は、殆ど二億円の金の産出を減ぜりというにあらずや。独り両国の不幸のみならず、その世界の福利に影響するところ*尠少《せんしょう》なりというべけんや。

○土人の惨状に至っては特に憫《あわれ》むべし。彼らが英人のために虜囚となって、既に*シントヘレナに竄《ざん》せらるる者六千人、錫蘭嶋《セーロン》に流さるる者二千四百人、今やキッチェネル将軍は更に一万二千人を印度《インド》に送らんとす。而して両共和国の壮丁は殆ど尽き、田園は全く荒廃し、兵馬過ぐるところ野に青艸《せいそう》なしという。ああ彼ら果して何の咎《とが》あるか、何の責あるか。

独逸《ドイツ》の政策

○かくの如きにしてなお、今の帝国主義は非義不正ならずというか、暴横害毒ならずというか。高尚なる道義を有する国民の容《い》るべきところなるか、二十世紀文明の天地に容るべきところなるか。

○自由を尊び平和を愛すと称するの英国すらもなお然《しか》り、我は彼独逸国《かのドイツ》、軍国主義の化身たる独逸国が、その陸海軍備の大拡張のために常に多数の貴重なる犠牲を供するを怪しまず。去年北清の乱、独逸皇帝が復讎《ふくしゅう》の語を絶叫して*ワルデルシー将軍を東亜に派するに至るや、同年九月同国社会党大会の決議は、独逸帝国主義の真相を喝破し得て余りあり。

独逸社会党の決議

○*マインツに開ける独逸社会党の総会は決議して曰《いわ》く、

独逸帝国政府が取りたる支那戦争政策は、資本家の利益狂心と、大帝国建設という軍事的栄誉心と、掠奪《りゃくだつ》的情慾に出たるものにして、この政略は外国の土地を強制的に領有し、その住民を抑圧するをもって主義とする者なり。この主義の結果は掠奪者をして獣力を振い破壊を逞《たくまし》くせしむるに帰すべく、強暴非義の手段によって*呑噬《どんぜい》の慾を充《みた》し、ために虐待を受けたる者は、断《たえ》ず掠奪者に向って反抗を試むるに至らん。しかのみならず海外の掠奪政策及び征服政策は、必ず列国の嫉視と競争とを喚起し、ために海陸軍備の負担に堪えざらしむるに至らん。これ実に危険なる国際上の葛藤を招き、世界一般の大混乱を惹起《じやつき》するに至るべし。

我社会民主党は、人間が人間を抑圧し*滅燼《めつじん》するの主義に反対するが故に、断乎として掠奪政策、征服政策に反対す。人民の権利、自由、独立を尊重し保護し、近世文明の教義によりて、世界各国の文化の関係、交通の関係を保持するは、これ我党の希図《きと》するところなり。現今各国の中流社会及び軍事上の勢力を有する者が応用するところの教則は、これ文明に対する大々的侮辱なり、云々。

何ぞその言の公明にして高尚なるや、いわゆる*炳乎《へいこ》として日星《につせい》と光を争う者あるにあらずや。

米国の帝国主義

○然り掠奪、征服によって領土の拡張を図れる欧洲諸国の帝国主義は、実に文明人道に対する大々的侮辱たるなり。而《しか》して我は米国の帝国主義においても、また多くの不正と非義とを認めざるを得ず。

○*米国が初めキュバの叛徒を助けて西班牙《スペイン》と戦うや、自由のために人道のた

比律賓《フィリピン》の併呑

独立の檄文と建国の憲法を奈何《いかん》

めにその虐政を除くと称す、真にかくの如くんば義甚だ高しとするに足る者あり。而《しか》してもしキュバの民その恩に感じ徳を慕うて、もって米国治下の民たらんことを希《ねが》わば、これを併すもまた可ならずとせず。我は必しも米国が百方策を講じてキュバ島民を煽動教唆せるの迹《あと》を摘発せざるべし。しかれども彼比律賓《かのフィリピン》群嶋の併呑征服の事に至ては、断じて恕すべからず。

○米国にして真にキュバ叛徒の自由のために戦えるか、何ぞ比律賓人民の自由を束縛するの甚しきや。真にキュバの自主独立のために戦えるか、何ぞ比律賓の自主独立を侵害するの甚しきや。それ他の人民の意思に反して、武力暴力をもって強圧し、その地を奪い富を掠《かす》めんとす。これ実に文明と自由の光彩燦爛《さんらん》たる米国建国以来の歴史を汚辱するの甚しき者にあらずや。それ比律賓の地と富とを併すは、米国のために固《もと》より多少の利益なるべし、しかれども利益なるが故に為すを得べしとせば、古武士の切取強盗もまた利益の故に為し得べしというか。彼らは果して、彼らの祖先が独立の檄文、建国の憲法、*モンローの宣言を何《いずれ》の地に置かんとするや。

○言うことなかれ、領土の拡張は国家生存の必要やむことをえずと。彼らの

*出師《すいし》や初め自由と人道とを呼号し、忽《たちま》ち変じて国家生存の必要に*藉口《しゃこう》す、何ぞその堕落するの甚だ急なるや。

米国の危険

○仮に彼らの言の如く、領土の拡張するにあらずんば、米国が経済的の生存危険なることありとせんや、彼《か》れ縦令《たとい》比律賓を併すも、その得るところの富と利益や知るべきのみ、能《よ》くその危険を救うに足らんや、ただその生存のもって一日を緩くするに過ぎざるのみ、然《しか》りその衰亡はただ時間の問題ならんのみ。彼らが土地と人口と、彼らが資本と企業的勢力の無限なるをもってして、敢てこの悲観的口実を設くる、我はその*杞憂《きゆう》に過ぐるを笑わざらんと欲するも得ざるなり。

○我は信ず、将来米国が国家生存の危険ということ、万一これありとせば、その危険は決して領土の狭きにあらずして、領土拡張の究極なきにあり、対外勢力の張らざるにあらずして、社会内部の腐敗堕落にあり、市場の少きにあらずして、富の分配の不公なるにあり、自由と平等の滅亡にあり、侵略主義と帝国主義の流行跋扈《ばっこ》にありと。

米国隆盛の原因

○一たび米国今日の隆盛繁栄を致せしゆえんを想い見よ。自由や、圧制や、理義や、暴力や、資本的勢力や、軍備的威厳や、虚栄なる膨脹や、勤勉なる企業や、自由主義や、帝国主義や。今や彼ら、一種の功名利慾のために、愛国的狂熱のために、競うて邪径《じやけい》*に入らんとす。我は彼らが前途の危険を恐るるのみならず、実に自由と正義と人道のために悲しむや深し。

デモクラット党の決議

○一昨年秋、米国アイオワ州のデモクラット党が決議の一節は、大に我心を得たるものあり、曰《いわ》く

吾人は比律賓《フイリピン》の征服に反対す。何となれば帝国主義は軍国主義《ミリタリズム》を意味すればなり、何となれば軍国主義は武断政治《ガバーメント・バイ・フオース》を意味すればなり、何となれば武断政治は合議政治の死亡を意味し、政治的及工業的の自由の破壊を意味し、権利平等の殺害と民主制度の殲滅《せんめつ》を意味すればなり。

然《しか》り、帝国主義は到るところに、かくの如きの不正と害毒を行わんとするなり。

その三

移民の必要

○英独の帝国主義者が大帝国建設を必要とする第一の論拠は移民にあり。彼

人口増加と貧民

らは揚言して曰く、今や我国の人口歳に繁殖して貧民日に増加す、版図の拡張は過剰の人口移住のためにやむべからずと。一見甚だ理あるに似たり。○英独の諸国が人口の増加は事実なり、貧民の増加もまた事実なり。しかれども貧民の増加せる因由は一に人口の増加に帰すべきや、これが救済は海外移住の外《ほか》遂に策なきや、これ一考すべきのところなり。彼らの言の如くんば、その論理は即ち、人口多ければ財富乏しく、人口稀少なれば財富饒《おお》しというに帰着せん、笑うべきかな、これ実に社会進歩の大法を無視せるなり、ソシアル・サイエンスを無視せるなり、経済の学理を無視せるなり。○禽獣魚介は皆な自然の食物を食《くら》う、食う者益《ますま》す多くして食物益す減ずるは必至の理なり、しかれども人は生産的動物なり、天然力を利用して自らその衣食を生産し得るの智識と能力を有《ゆう》す。而《しか》してこの智識や能力や、一年は一年より、一時代は一時代より、駸々《しんしん》として改善し進歩し増加しつつあるなり。故に殖産的革命の行われて以来、世界の人口が幾倍すると同時に、その財富は確かに幾十百倍せるなり、而して英独の諸国は実にこの世界富財の大部を占取せる者にあらずや。

貧民増加の原因

○それ富既に世界に冠たり、しかも貧民の日に増加する者、豈《あ》に人口充溢《じゅういつ》の罪ならんや、けだしその因由の別に在するなくんばあらず。然《しか》り彼らが貧民の増加は、実に現時の経済組織と社会組織の不良なるがためのみ、したがって資本家や地主や、法外の利益と土地を壟断《ろうだん》するがためのみ、したがって富財の分配の公平を失せるがためのみ。故に我は信ず、真正文明的道義と科学的智識によってこの弊因を除去するにあらずんば、移民の如きは一時の姑息《こそく》なる灌腸《かんちょう》的治療に過ぎず、縦令《たとい》全国の民を尽《ことごと》く移住し尽すも、貧民は決して迹《あと》を絶たざらんなり。

○仮に一歩を譲って、移民は、人口充溢と貧民増加に対する唯一の救済策なりとせよ、しかも彼らは果して版図拡張の必要あるか、大帝国建設の必要あるか、彼らの人民は果して自国の国旗の下にあらざれば生活すること能《あた》わざるか。乞う事実を見よ。

英国移民の統計

○英国版図の広大なる、既に日没の時なしと称せらる、*しかも一千八百五十三年より千八百九十七年に至るの間、英人及び愛蘭《アイルランド》人の海外に移住する者約八百五十万人中、その自国の殖民地に赴けるは僅《わずか》に二百万人に過ぎずして、他の五百五十万人は皆な北米合衆国に向えるなり。一千八百九十五年における英国移民の統計は、吾人に示すに左表をもってせり。

北米合衆国へ　一九五、六三二人
濠州へ　一〇、八〇九人
北米英領へ　二三、三五七人

その自国の領土に赴く者は、領土以外の国に赴く者に比して、六に対する一の割合に過ぎざるにあらずや。

○彼ら移民は、自由のあるところこれ我郷のみ、必しもその移住地が母国の版図たると否とを問わざるなり。故に知る、帝国主義者が口を移民の必要に*藉《かこつ》くの毫《ごう》も理由なきものたるを。

移民と領土

○我は移民をもって悪事と為さず、少くともスパルタ人がその奴隷《ヘロット》の人口増加を憎んでこれを殺戮せしに比すれば、頗《すこぶ》る進歩せる方法たるを疑わず。しかれども世界領土の拡張し得べき者元《も》と限りありて、人口増加は限りなからんとす、もし移民が自国の領土なるべきを必すとせばその困迫は坐して待つべきなり。

○思え、英独諸国は初めや亜細亜《アジア》、阿布利加《アフリカ》の無人の境に向ってその領土を求むべし、而《しか》してこれを分割すべし、而して移民は遂に分割せる領土に充満すべし、而して更に他の領土を求めて余地なきに至るべし、ここにおいてや彼ら諸国は互に相殺し相奪わざるべからず、而して遂に武力強大の一国が他の領土を取り得たりとせよ、その領土もまた若干年にして充溢《じゅういつ》すべし、而して次で来る者は自家の困迫零落ならざるべからず。かくの如き者が即ち帝国主義者の論理なり、目的なりとせば、甚しいかなその非科学的なることや。

○而して一方に見る、仏国も現に熾《さかん》にその領土の拡張を求めてやまず、しかれども彼の人口の決して増加せず、その貧民の比較的少きに見ば、豈《あ》に移民の必要より来れる者というべけんや。

○今や米国もまた領土の拡張を求むるも、その移民の必要より生ずるにあらざるは明らかなり。米国領土の大、天富の饒《じょう》、世界の移民これに就くこと*百川《ひゃくせん》の朝宗《ちょうそう》するが如し。独り英人のこれに赴く多数なるのみならず、独逸《ドイツ》人が一千八百九十三年より一千八百九十七年に至るの間、海外移住者二十二万四千人中、その十九万五千人は米国に向えるなり。而して瑞西《スイス》、和蘭《オランダ》、スカンチナビア諸国の移民また皆な多くこれに往《ゆ》く。世界各国の移民を併せ呑むの米国、豈に自家の移民を奨励するの要あらんや。
○伊太利《イタリア》もその財を糜《ついや》し人を殺して、アビシニア*広漠の野に殖民地を得んがために苦闘しつつあるにかかわらず、その移民は皆な南北両米の外国国旗の下に赴きつつあるなり。

大なる謬見

○故に我は断言す、帝国主義と名《なづ》くる領土拡張政策が、真に移民の必要より起れりと為す者は、これ大なる謬見なり、もしそれ移民をもって単にその口実と為すが如きは、自ら欺《あざむ》き人を欺くの甚しき者、取るべからざるや論なきなり。

その四

新市場の必要

○帝国主義者は万口一斉*に叫《さけん》で曰《いわ》く、『貿易は国旗に次《つ》ぐ』、領土の拡張は、実に我商品のために市場を求むるの急に出ずと。
○我は世界交通の益《ますま》す利便ならんことを欲す、列国貿易の益す繁栄ならんことを欲す。しかれども英国物品の市場が必ず英国国旗の下にあらざるべからず、独逸《ドイツ》物品の市場が必ず独逸国旗の下にあらざるべからずという理由、果して那辺《なへん》にありや。吾人の貿易は武力暴力をもって強《しい》るにあらざれば行うを得ずという理由、果して那辺にありや。

暗黒時代の経済

○暗黒時代の英雄豪傑は、自国の富盛を希《ねが》うがために、常に*他国を侵掠《しんりゃく》し、その財富を劫掠《ごうりゃく》し、その貢租《こうそ》を徴収せり。成吉士汗《ジンギス・カン》、*帖木児《タメルラン》の経済はかくの如くなりき。もし帝国主義者にして、ただ他の蛮族を圧倒してその地を奪い、その人を臣僕としてこれに売買を強るをもってその経済の主義とせば、何ぞ暗黒時代の経済に異ならんや。これ文明の科学の決して許さざるところにあらずや。

生産の過剰

○彼らは何をもって新市場の開拓を必要とするや、曰《いわ》く資本の饒多《じょうた》と生産の過剰に苦めばなりと。ああこれ何の言ぞ、彼ら資本家工業家が生産の過剰に苦しむと称する一面においては、見よ幾千万の下層人民は常にその衣食の足らざるを訴えて号泣しつつあるにあらずや。彼らが生産の過剰なるは、真にその需用なきがためにあらずして、多数人民の購買力の足らざるが故のみ、多数人民の購買力の乏しきは、富の分配公平を失して貧富の益《ますま》す懸隔するの故のみ。

○而《しか》して思え、欧米における貧富の益す懸隔して、富と資本が益す一部少数の手に堆積し、多数人民の購買力がその衰微を極むるに至れるは、実に現時の自由競争制度の結果として、彼ら資本家工業家がその資本に対する法外の利益を壟断《ろうだん》するがためにあらずや。

今日の経済問題

故に欧米今日の経済問題は、他の未開の人民を圧伏して、その商品の消費を強るよりも、先ず自国の多数人民の購買力を*兀進《こつしん》せしむるにあらざるべからず、自国購買力を兀進せしむるは、資本に対する法外の利益を壟断するを禁じてもって、一般労働に対する利益の分配を公平にするにあらざるべからず、而して分配の公平を得せしむるは、現時の自由競争制度を根本的に改造して、社会主義的制度を確立するにあらざるべからず。

社会主義的制度の確立

○能《よ》くかくの如くなるを得ば、即ち資本家の競争なし、何ぞ利益の壟断を要せん、既に利益の壟断なし、多数の衣食公平に分配されん、多数の衣食既に足る、何ぞ過剰の生産を事とせん、既に生産の過剰を憂えず、何ぞ国旗の威厳を仮《か》って帖木児《タメルラン》的経済を行うの要あらんや。これ文明的なり、科学的なり、而《しか》してまた実に道義的なり。

○しかも欧米の政事家や、商工家や、計これに出でずして、ただ一時の虚栄を誇り、永遠にその壟断《ろうだん》を行わんがために、海外領土の拡張に向って莫大《ばくだい》の資を抛《なげう》って*滔々《とうとう》底止するところを知らず。而してその結果は如何《いかん》、政府の財政は益《ますま》す膨脹せらるるなり、資本は益す吸収せらるるなり、商工家の利益に狂する益す急なるなり、分配は益す不公なるなり。かくの如くにして領土の拡張いよいよ大に、貿易の額いよいよ増進するに従って、国民多数の窮困は益す増加するに至らん、次《つい》で来る者は即ち破産のみ、堕落のみ。

破産のみ堕落のみ

○彼ら縦令《たとい》、領土拡張の費用のために困竭《こんけつ》し破産するに至らずとするも、列国の競争今日の如きに際して、いわゆる新市場の求むべき者将来果していくばくの余地を存するか。余地なきに至れば即ち坐して飢えざるべからず、否《しか》らずんば列国互に相闘い相奪わざるべからず。水艸《すいそう》を逐《お》うて転ずるの遊牧は、水艸尽くれば即ち倒れざるべからず。否《しか》らざれば即ち相殺し相掠《かす》めざるべからず。帝国主義者の経済はそれ遊牧的経済や。

遊牧的経済

○然《しか》り彼らはその求むべき新市場の余地乏しきがために、列国既に相掠むるの兆《きざし》を現せり。英人は曰《いわ》く独逸《ドイツ》は我市場の敵なり、撃破せざるべからずと、而して両々戦争の準備に日もまた足らず。奇なるかな、彼らの通商貿易は相互の福利にあらずして、他を損してもって僅《わず》かに利するにあるなり、平和の生産を競わずして、武力の争奪を事とするにあるなり。

英独の貿易

○それ英国は現に独逸貿易の最大華主《かしゅ》*たる者にあらずや、独逸は現に英国貿易の華主として第三位以下に落ちざる者にあらずや。両国の貿易は最近十年の間において既に数千万の増加を致せり、英国の独逸に対する貿易額は、その濠洲に対するに比して甚だ遜色なく、而してその加拿太《カナダ》と南阿《ア》を合せる者に比して、夐《はる》かに大なり、而して独逸が英国の資本を輸入し利用せるまた甚だ尠少《せんしょう》ならず。もし彼らにしてその他を撃破し圧倒するを快となさば、これ自らその貿易の大部を殺《そ》ぐを快とする者なり。その他列強の関係大抵かくの如し。もし天下の商人がその華主を殺戮《さつりく》し、その財貨を奪うをもって、貨殖*の訣を得たりと言わば、孰《たれ》かこれを笑わざらんや。彼《かの》欧米諸国が一に他を苦しめてもって自国の利を図らんとする、あたかもこれに類せずや。

華主の殺戮

○我は悲しむ、今のいわゆる市場拡張の競争はなお軍備拡張の競争の如くなるを、関税の戦争はなお武力の戦争の如くなるを。彼らは他を苦しめんがために先ず自ら苦しむなり、他の利益を殺《そ》がんがために先ず自家の利益を殺がざるべからず、而《しか》してその極多数の国民はこれがために困迫し飢餓し腐敗し亡滅するなり。我は故に曰《いわ》く、帝国主義者の経済は蛮人的経済なり、帖木児《タメルラン》的経済なり、不正なり、非義なり、非文明的なり、非科学的なり、政事家眼前の虚誉を逐《お》い、投機師一時の奇利《きり》を博するがためなるのみと。

○翻《ひるがえ》って我日本の経済に見よ、更にこれよりも甚だし。我日本は武力を有せり、もって国旗を海外に建《たつ》るを得べし、しかも我国民はこの国旗の下に投下すべきいくばくの資本を有せりや、この市場に出すべきいくばくの商品を製造するを得るや。領土一たび拡張す、武人は益《ますま》す跋扈《ばっこ》せん、政費は益す増加せん、資本は益す欠乏し生産は益す萎靡《いび》すべし。我日本にして帝国主義を持して進まんか、その結果やただかくの如くならんのみ。

○欧米諸国の帝国主義者は、口を資本の饒多《じょうた》と生産の過剰に藉《かこつ》くも、日本の経済事情は全くこれと相反す。欧米諸国が大帝国の建設は、その腐敗と零落に向って進むや論なしといえども、しかもなおあるいは若干年間、その国旗の虚栄を誇ることを得べし、我日本に至ってはその建設せる帝国を豈《あ》に能《よ》く一日だも維持することを得んや。しかも漫《みだり》に多数の軍隊と戦艦とを擁して呼で曰く、帝国主義なるかなと。我日本帝国主義者の愚や、真に及ぶべからず。

その愚及ぶべからず

その五

英国殖民地の結合

○英国の帝国主義者はまた曰く、我武備を全《まった》くせんと欲せば、殖民地全体の鞏固《きょうこ》なる統一結合を要すと。この説や彼の好戦的愛国者の尤《もっと》も喜ぶところなり。しかも甚だ笑うべし。

○彼ら英国民をして、常にその防備の全たからざるを危懼《きく》せしむるゆえんの者は、実にその領土の大に過ぐるが故にあらずや。思え彼ら各殖民地の人民や、皆なその初め生を母国に聊《やす》んぜず*して、その自由を得んがために、その衣食を求めんがために、千里の異郷に移住せる者なり。而して今や各々その繁栄幸福の生を遂ぐることを得たり。何を苦しんで更に大帝国統一の名の下に、母国の干渉桎梏《しっこく》*を甘受せざるべからざるか、母国のために莫大の軍資と兵役を負担せざるべからざるか、常にその母国と共に欧米列国紛争の渦中に入らざるべからざるか。その不利と危険とけだしこれより大なるはなけん。

不利と危険

○それ武力の無用にして罪悪なるは前に既にこれを言えり、しかれども仮に自国の防備をもって必要欠くべからずとせよ。防備の周《あま》ねくして武威の熾《さかん》なるを得るは、決して領土の広大なるにあらざるなり、大帝国の建設にあらざるなり。見よ、*フィリップ二世の西班牙《スペイン》大帝国を撃破せし当時の英国は、なおいわゆる小英国《リツツル・イングランド》たりしにあらずや、*ルイ十四世の仏国大帝国を撃破せし当時の英国も、なおいわゆる小英国たりしにあらずや。

小英国当時の武力

○然《しか》り彼らが武力の燦爛《さんらん》なる光彩を放てるは、ただ小英国の当時にありしなり。彼ら帝国主義者にして、真にその防備の全《まつ》たからざるを憂えば、何ぞ断々乎《こ》として各殖民地の独立を許さざるや。能《よ》くかくの如くなれば彼ら初めて枕を高くすることを得て、而《しか》して各殖民地もまたかえってその自由の福利を享《う》るを歓喜せんなり。

英国繁栄の原由

○而《しか》して思え、英国が従来の繁栄膨脹は、決してその武力によるにあらずして、その饒多《じょうた》なる鉄と石炭の膨脹によれるなり、武力の侵奪劫掠《ごうりゃく》によるにあ

英帝国の存在はタイムの問題

らずして、平和の製造工業なりしなり。その間彼ら一たび誤って野獣的天性を逞《たくま》しくし、古代の帝国主義の迹《あと》を逐《お》うて、殖民地を遇するに、帖木児《タメルラン》的経済の手段をもってせしことなきにあらず、しかも彼らはこれがために合衆国の離叛を来せるに懲《こ》り、飜然《ほんぜん》その図を改めて、各殖民地の自治を許せり。故に彼らが広大の領土や、事実において決して帝国主義者のいわゆる帝国《エンパイア》を形成せる者にあらず。ただその血脈《けつみやく》、言語、文学を同じくして、真個の同情渝《かわ》らざるあると、その貿易における相互の利益の違わざるがために、その聯合《れんごう》は能く永久の運命を持して、無限の繁栄を致せしなり。

○然り英国にして、かつて武力的虚栄に酔うて常に大陸諸邦との縦横*に汲々たらしめんか、豈《あ》に能く今日の大を致すを得んや。否な今日の大といえども、将来その国旗と武力の光栄のために、各殖民地をして不利と危険を冒《おか》さしめ、その同情を失うの挙に出でしめば、我は信ず大英帝国の存在は、実に時日《タイム》の問題たらんと。

○而して今や彼《か》れチャンバーレーンが勃々たる野心は、ピット*、ヂスレリーの衣鉢《いはつ》を継ぎ将《う》けて、この平和的大国民を率いて、軍国主義、帝国主義の悪酒に＊沈湎《ちんめん》し、古来の武力的帝国滅亡の轍《てつ》を履《ふ》ましめんとす、我は深くこの名誉ある国民のために惜《おし》まざるを得ず。

キップリングとヘンレー

○しかれども功名に急なるの軍人、政治家、奇利《きり》を逐《お》うの投機師はなお恕すべし。彼《か》の学術あり智識あり、もって国民の心霊的教育において無限の責任を有する文士詩人が＊胥率《あい》いて、武力の膨脹を唱道するに至っては、痛歎の極なり。英国においてキ＊ップリング、ヘンレーの如きその最《さい》となす。

○彼らは野獣的愛国者がその肉餌《にくじ》を求むるを見て賛美して曰《いわ》く、国旗の光栄なり、偉人の勲業なり、国民的思想の喚起なり、誰かセシル・ローヅの我英国に生ぜるを誇らざる、誰かキッチェネルの功績を崇《たっと》ばざる、一は我帝国のために数千哩の版図を拡くせり、一はカ＊ーツームの国辱を雪《そそ》ぎ、＊蛮野獷猂《こうかん》の俗に代うるに文明平和をもってせりと。

帝国主義は猟夫の生計

帝国主義が果して蛮人を討伐し殲滅《せんめつ》して、文明平和の治を布くにありとせば、帝国主義の由《よっ》て立つゆえんの生命活力は、その持続するただ蛮人存在の期間のみ。猟夫の生計は、ただその附近の山野に鳥獣の＊蜚走《ひそう》するの間のみ。

○南阿《ア》全く平定せば、ローヅは更に何《いずれ》のところにか他の南阿を求めんとするか、スーダン既に征服す、キッチェネルは更に何のところにか他のスーダンを求めんとするか。もし討伐すべき蛮人なきに至らば、彼らは国旗の光栄を失うなり、国民的思想は消滅せんなり、偉人の勲業は求むべからざるなり。果敢なき者は帝国主義の前途にあらずや。

○ただ大言壮語をもって、国民好戦の心を煽起するキップリング君、ヘンレー君の思想の、我は甚だ児戯に類するを見る、真個《しんこ》社会文明の進歩と福利を希《ねが》う者、宜しくかくの如くなるべからざるなり。

その六

帝国主義の現在将来

○*如上《じょじょう》観じ来れば、いわゆる帝国主義の現在や将来や知り難《かた》からず。彼《か》れや即ち卑しむべき愛国心を行るに、悪《にく》むべき軍国主義をもってするの一政策に命ずるの名のみ。而《しか》してその結果は即ち堕落と亡滅のみ。

○彼らがいわゆる大帝国の建設や、必要にあらずして慾望なり、福利にあらずして災害なり、国民的膨脹にあらずして少数人の功名野心の膨脹なり、貿易にあらずして投機なり、生産にあらずして強奪なり、文明の扶殖にあらずして他の文明の壊滅なり。これ豈《あ》に社会文明の目的なるや、国家経営の本旨なるや。

○移民のためということなかれ、移民は領土の拡張を必要とせざるなり、貿易のためということなかれ、貿易は決して領土の拡張を必要とせざるなり。領土の拡張を必要とする者は、ただ軍人政治家の虚栄心のみ、金鉱及鉄道の利を趁《お》う投機師のみ、軍需を供するの御用商人のみ。

国民の尊栄幸福

○それ国民の尊栄幸福は、決して領土の偉大にあらずして、その道徳の程度の高きにあり、その武力の強盛にあらずして、その理想の高尚なるにあり、その軍艦兵士の多きにあらずして、その衣食の生産の饒《おお》きにあり。英国従来の尊栄と幸福が彼尨大《かのぼうだい》なる印度《インド》帝国を有するにあらずして、むしろ一個のセークスピアを有《ゆう》するにあるは、*カーライル実に我を欺《あざむ》かざるにあらずや。

独逸《ドイツ》国大にして独逸人小なり

○*サア・ロバート・モリエル氏は、かつてビスマークを評して曰《いわ》く、彼は独逸《ドイツ》を大にせり、しかも独逸人を小にせりと。然《しか》り領土の偉大は多く国民の偉大と反比例す、何となれば彼らが大帝国の建設や、ただその武力の膨脹なればなり、野獣的天性の膨脹なればなり、彼らは実にその国を富まさんがためにその人民を貧しくし、その国を強くせんがためにその人民を弱からしめ、その国光国威を輝かさんがために、その人民を腐敗し堕落せしむるなり。故に曰く、帝国主義はその国を大にしてその人を小にすと。

一時の泡沫

○国民既に小なり、国家豈に能《よ》く大なるを得んや。その大なるが如きは即ち一時の*泡沫《ほうまつ》のみ、空中の楼閣《ろうかく》のみ、砂上の家のみ。大風一過すれば消えて迹《あと》なき雲霧と一般なるは、これ古来歴史の*燭照《しょくしょう》するところなり。しかも哀《かなし》いかな世界列国は競うて這箇《しゃこ》の泡沫的膨脹を力《つと》めて、而《しか》してその亡滅に向って進むの危険なるを知らざるなり。

日本の帝国主義

○而して今や我日本もまたこの主義に熱狂して反《かえ》らず。十三師団の陸軍、三十万噸《トン》の海軍は拡張されたり。台湾の領土は増大されたり、北清の事件には軍隊を派遣せり、国威と国光はこれがために揚《あが》れり、軍人の胸間には幾多の勲章を装飾せり、議会はこれを賛美せり、文士詩人はこれを謳歌せり。而してこれいくばくか我国民を大にせるか、いくばくの福利を我社会に与えたるか。

その結果

○八千万円の歳計は数年ならずして三倍せり、台湾の経営は占領以来一億六千万の費《ついえ》を内地より奪い去れり、*二億の償金は夢の如く消失せり、財政は益《ますま》す紊乱《びんらん》せり、輸入は益す超過せり、政府は増税に次ぐに増税をもってせり、市場は益す困迫せり、風俗は益す頽廃《たいはい》し、罪悪は日に増加せり、しかも社会改革の説は嘲罵《ちょうば》をもって迎えられ、教育普及の論は冷笑をもって遇せらる、国力日に竭《つ》き民命日に蹙《せま》る。もしかくの如くにして滔々《とうとう》底止することを知らざる数年ならしめば、我は信ず、東洋の君子国が二千五百年の歴史は、*黄《こう》粱一炊《りょういっすい》の夢たらんのみ。ああこれ我日本における帝国主義の功果にあらずや。

○故に我は断ず、帝国主義なる政策は、少数の慾望のために多数の福利を奪う者なり、野蛮的感情のために科学的進歩を沮礙《そがい》する者なり、人類の自由平等を殲滅《せんめつ》し、社会の正義道徳を戕賊《しょうぞく》し、世界の文明を破壊するの*蠹賊《とぞく》なりと。

第五章　結　論

新天地の経営

○ああ二十世紀の新天地、吾人はいかにしてこれが経営を完《まつた》くせんか。吾人は世界の平和を欲す、而《しか》して帝国主義はこれを攪乱《かくらん》するなり。吾人は道徳の隆興を欲す、而して帝国主義はこれを残害するなり。*吾人は自由と平等を欲す、而して帝国主義はこれを破壊するなり。吾人は生産分配の公平を欲す、而して帝国主義はこれが不公を激成するなり。文明の危険実にこれより大なるはなし。

二十世紀の危険

○これ我が私言にあらず、去年『*紐育《ニューヨーク》ワールド』新聞が、『二十世紀の危険』という題下に、欧米諸名士の意見を徴するや、これに答うる者、軍備主義、帝国主義の恐るべきをもってする者甚だ多し。*フレデリック・ハリソンは曰《いわ》く、将来政治上の危険は、欧洲列国が過甚の軍隊兵艦及び軍資を蓄積するにあり、その結果は即ち彼らの統治者及び人民を誘うて、主として亜細亜《アジア》、阿布利加《アフリカ》の野にその覇権を争わしめんとすればなりと、ザンギールは曰く、二十世紀の危険は軍国主義という中古の思想の反動的興起なりと。カイル・ハルヂーは曰《いわ》く、軍国主義より危険なるはなしと。カール・ブラインドは曰く、危険は帝国主義なりと。

ペストの流行

○然《しか》り帝国主義の忌むべく恐るべきは、なおペストの流行の如し、その触るるところは忽《たちま》ち亡滅に至らずんばやまず。而《しか》して彼《か》のいわゆる愛国心は実にこれが病菌たり、いわゆる軍国主義は実にこれが伝染の媒介たるなり。けだし十八世紀の末年仏国革命の大清潔法は欧洲の天地を掃除して、一たび湮滅《いんめつ》に帰し、*爾後《じご》英国三十二年改革や、仏国四十八年の革命や、伊太利《イタリア》の統一や、希臘《ギリシア》の独立や、皆なこの時疫《じえき》を防禦するゆえんにあらざるなしといえども、しかもその間、奈勃翁《ナポレオン》や、*メテルニヒや、ビスマーク輩の交々《こもごも》この病菌を撒《さん》布《ぷ》するありしがために、更に今日の発生を来すに及べり。

愛国的病菌

○而して今やこの愛国的病菌は朝野上下に蔓延し、帝国主義的ペストは世界列国に伝染し、二十世紀の文明を破*毀《はき》し尽さずんばやまざらんとす。社会改革の健児として国家の良医をもって任ずるの志士義人は、宜しく大に奮起すべきの時にあらずや。

大清潔法大革命

○しからば即ち何の計かもって今日の急に応ずべき。他なし、更に社会国家に向って大清潔法を施行せよ、換言すれば世界的大革命の運動を開始せよ。少数の国家を変じて多数の国家たらしめよ、陸海軍人の国家を変じて農工商人の国家たらしめよ、貴族専制の社会を変じて平民自治の社会たらしめよ、資本家暴横の社会を変じて労働者共有の社会たらしめよ。而して後《の》ち正義博愛の心は即ち偏僻《へんぺき》＊なる愛国心を圧せんなり、科学的社会主義は即ち野蛮的軍国主義を亡さんなり、ブラザー・フードの世界主義は即ち掠奪《りゃくだつ》的帝国主義を掃蕩芟除《そうとうがいじょ》＊することを得べけんなり。

黒闇々の地獄

○能《よ》くかくの如きにして、吾人は初めて不正、非義、非文明的、非科学的なる現時の天地を改造し得て、社会永遠の進歩もって期すべく、人類全般の福利もって全《まった》くすべきなり。もしそれ然らず、長く今日の趨勢《すうせい》＊に放任してもって省みるところなくんば、吾人の四囲はただ百鬼夜行あるのみ、吾人の前途はただ黒闇々《あんあん》たる地獄あるのみ。

帝国主義　終

注

頁行

三 3 **ピラトがキリストを十字架に釘けし…**　「ピラト」はピラトゥス(Pilatus、英語表記ではPilate)で一世紀の政治家、第五代のユダヤ総督。ローマの権力を背景にして反ユダヤ政策を遂行した。しかし、イエス・キリストの裁判ではユダヤ教徒の圧力に屈して十字架の刑に処した。「ミランの監督アムボロース」は、イタリア、ミラノの司教アンブロシウス(Ambrosius、英語表記ではAmbrose 三四〇頃―九七)のこと。四教会博士の一人として、神学研究に努めたほか、政治にも影響力をもち、ローマ法の改革を進め、政府の教会への介入を拒んだ。「帝王シオドシアス」はローマ皇帝テオドシウス一世(Theodosius I 三四六頃―九五)、軍事的才能にめぐまれローマ帝国を統一、キリスト教を国教としてカトリック教会の発展に寄与した。引退に際して帝国を二分して子供に譲ったため、東ローマ帝国と西ローマ帝国とが分離することになった。三九〇年、アンブロシウスは、テサロニケでおきた暴動の際、七〇〇〇人にも及ぶ市民の大虐殺の責任を問い、テオドシウス一世に公に懺悔させた。

〃 7 **剣戟**　つるぎとほこの原義、ここでは軍備のこと。

四 7 **内村鑑三**　無教会派のキリスト教徒(一八六一―一九三〇)。札幌農学校卒業後アメリカに留学、一八九〇年第一高等中学校嘱託教員となるが、翌年に不敬事件で辞職した(注、三九14参照)。九七年社主の黒岩涙香に招かれて朝報社に入社、英文欄を担当する。九八年退社し『東京独立雑誌』を創刊、廃刊後の一九〇〇年九月再び朝報社に入社し、「社会改良」の必要性を説いた。幸徳秋水の朝報社への入社は一八九八年、本書出版の直後に「社会民主党」を結成、禁止後は黒岩、内村らが提唱する理想団に参加する。内村は幸徳にとって朝報社での先輩であり、同僚であった。また、一九〇三年一〇月、内村、幸徳、堺利彦は主戦論に転じた黒岩に反対して、非戦論を掲げて朝報社を退社することになる。

五3 **崖山舟中の大学**… 険しい山や舟のうえというような、正規の学校での学問ではないことを卑下しているのであろう。「実に百年斯道のために忡々」云々は、長い間自分が考えてきた思想から現状を憂い、発言せざるをえない、という意味。

〃7 **トルストイや、ゾーラや、ヂョン・モルレー**… トルストイ(Tolstoi, Lev 一八二八―一九一〇)はロシアの小説家・思想家、「ゾーラ」はフランスの小説家ゾラ(Zola, Émile 一八四〇―一九〇二)のこと、「ヂョン・モルレー」はジョン・モーリー(Morley, John 一八三八―一九二三)でイギリス自由党の政治家・伝記作家、『隔週評論』の編集に従事する。ベーベル(Bebel, August 一八四〇―一九一三)はドイツの社会主義者、『婦人論』(一八八三)で知られている。ブライアン(Bryan, William 一八六〇―一九二五)はアメリカの政治家、一八九六年大統領選挙の候補者となるも落選、一八九六から一九一二年まで民主党の事実上の指導者であった。『著』といわずして云々については「解説」を参照のこと。

〃12　**瞶々の徒**　無知な人の意。

一五8　**猂馬の軛を脱する**　あばれ馬がくびき(首にあてる横木)を脱する様。「猂」は「悍」の俗字、「駻」と同義。

〃9　**平時忠**　平安末期(一二世紀)の公卿で、平清盛の側近として権勢を振るった人物。この個所は『平家物語』(巻一)の「禿髪」の段による。原典は「平大納言時忠卿ののたまひけるは、「此一門にあらざらむ人は、皆人非人なるべし」とぞたまひける」(梶原正昭・山下宏明校注、岩波文庫版)である。

一六10　**松柏の凋に後るるが如く**　松や柏《ひのき》の葉は他の樹木の葉におくれて枯れ落ちること。『論語』子罕篇に「歳寒くして、然る後、松柏の凋むに後るるを知る」に典拠があり、主義や理想にいきる孔子自身の姿を表現している。

〃13　**執鞭の士**　貴人のために鞭を執る御者のこと。『論語』述而篇に「富にして求むべくんば、執鞭の士と雖も、吾亦これを為さん。如《も》し求むべからずんば、吾が好むところに従わん」とある。

一七8　**焦頭爛額の急務…**　火事を消すために頭の髪の毛をこがし、額に火傷をすること(『漢書』霍光伝)。

〃9　**揣らず**　考えないでの意。

〃9　**呶々**　くどくど言うこと。

一九6　**英国は南阿を伐てり…**　イギリスのボーア戦争勃発は一八九九年一〇月、講和条約(フェレーニヒンク条約)は一九〇二年五月、アメリカによるフィリピン獲得は一八九八年一二月のパリ条約、ドイツによる膠州湾占領は一八九七年一一月、ロシアによる旅順・大連租借条約は一八九八年三月、フランスのマルシャン大佐がセネガル黒人兵を率いて、コンゴ川支流のウバンギ川をさかのぼってファショダに到着したのは一八九八年七月、のちスーダンの帰属をめぐってイギリス軍との間にファショダ事件が勃発してフランス軍は撤収することになる。イタリアがアビシニア(エチオピア)に侵略するのは一八九五年三月、翌年三月イタリア軍はアドワの戦いで敗北し、アビシニアの独立を承認することになる。

二〇2　**撿覈**　調べて明らかにすること。底本では「覈」は「竅」と表記されている。

〃7　**孩児の井に墜ちんとするを見ば…**　「今、人乍《にわか》に孺子《じゅし》の将に井に入《お》ちんとするを見れば、皆怵惕《じゅってき》惻隠の心有り」(『孟子』公孫丑上)に拠る。子輿は孟子(前四―三世紀)の字《あざな》。

〃13　**ツランスワールのためにその勝利と復活を祈り、比律賓のためにその成功と独立を祈れり**　南アフリカは、オランダの東インド会社の東インド航路の中継地として、オランダ人植民者とその子孫であるボーア人によって開拓された。ナポレオン戦争後、イギリスが領有したため、一八三〇年代に多くのボーア人たちは北方へ移動し、オレンジ自由国とトランスヴァール共和国をつくった。一八六七年オレンジ自由国でダイヤモンド鉱が、一八八六年トランスヴァール共和国で金鉱が発見されるとイギリス人たちがこの地へ押し寄せた。トランスヴァール共和国では、イギリス人などの外国人が勢力をもつことを恐れ、重税を課し参政権などを制限した。やがて、トランスヴァール政府と外国人たちの対立が激化していくが、イギリス政府は強硬的姿勢に終始し、一八九九年ボーア戦争が開始される。ボーア兵はゲリラ戦で抵抗するも、一九〇二年に敗北、トランスヴァール共和国とオレンジ自由国はイギリスに併合されることになった。

一九世紀末、スペインの植民地であったフィリピンでの独立闘争は、アギナルドらの秘密結社によっておこなわれていた。同じスペインの植民地であったキューバでの独立反乱をめぐって、一八九八年四月アメリカとスペインが戦争を開始すると(米西戦争)、香港にあったデューイ提督の艦隊がマニラ湾のスペイン艦隊を撃破し、独立運動を支援した。五月にはアギナルドが革命政府を樹立、翌月に大統領に就いた。ところが、八月アメリカ軍がマニラを占領、翌年には独立をめざすアギナルドの率いる共和国軍との戦闘が開始された。ゲリラ戦で抵抗したが、一九〇一年三月アギナルドはアメリカ軍に捕らえられ、アメリカへの忠誠を誓うことになった。

三11　**壟断**　利益を独占すること、『孟子』公孫丑下に典拠する。

〃15　**垂髫の時**　小児の襟首に垂れた髪の意から、幼年のこと。

三2　**飄蓬**…　「飄」はつむじ風、「蓬」はよもぎ。風に吹かれて転がっていく蓬、の意から転じて流浪して居所の定まらないことのたとえ。底本では「飄」は「瓢」と表記されている。

〃2 **蹉跎**　つまずくこと。

〃14 **『富貴にして故郷に還らずんば錦を衣て夜行くが如し』**　『史記』項羽本紀に典拠する。項羽が咸陽を攻撃して秦の宮殿に火を放ち、財宝や婦人を略奪して故郷に帰ろうとした時に発した言葉。原典では「錦」は「繡」(ぬいとりをされた美しい布)と表記される。富貴になっても故郷に帰らないのでは、ぬいとりをした美しい衣服を着て、暗い夜を歩くようなもので、誰もその栄誉をしるものがないとの意味。

三7 **虞芮の争い**　『史記』周紀に収録されている、虞と芮の二国の境界争いのこと。周の文王(西伯)に裁定してもらうため、周の国に赴いたところ、周の人民の道徳の正しさをみて、恥ずかしく思い、争いをやめて、その田地を間田としたとの故事。

〃8 **触蛮の戦い**　蛮触の争、蝸牛の争、あるいは「蝸牛角上の争」ともいわれる。かたつむりの左の角の上にある国の触氏と右の上にある国の蛮氏が、領地をめぐって争い、数万人の死者を出して一五日間で戦いが終わったという寓話(『荘子』則陽篇)で、大局からみると些細でつまらない争いを意味する。

〃10 **岩谷某が国益の親玉…**　岩谷松平(一八四九—一九二〇)は、鹿児島生まれの実業家。明治一〇年上京し、銀座に呉服太物商を開き、のち紙巻タバコの製造をはじめて天狗屋と号した。「国益の親玉」や「驚く勿れ税額千八百万円」などは天狗タバコの宣伝文句で、この奇抜なコピーにより広く世に知られるようになった。一五年には共同運輸会社、以後、帝国工業会社、大日本海産会社などを創立し、商業会議所議員、衆議院議員を歴任する。タバコが官営になると、養豚業に乗り出したりした奇人としても知られている。

二四2 **『党派あることなし、ただ国家あるのみ』**… イギリスの政治家・歴史家であるマコーレー(Macaulay, Thomas 一八〇〇―五九)の『古代ローマの歌謡』(一八四二)に紹介されている紀元前一世紀のローマの叙情詩人ホラティウスの一節とされる(〔神崎注〕参照)。この個所は、ロバートソン『愛国心と帝国』(John M. Robertson, *Patriotism and Empire*. この書については「解説」参照のこと、原文九頁以下)参照による記述。

〃14 **荒廃靡蕪** 荒れ果てて雑草が茂っているとの意味。「靡」はほろびるの意、「蕪」は雑草が生い茂って荒れているさま。

二六11 **糾纆** 「糾」は黄色い糸、「纆」はなわ。黄色い糸をよりあわせた縄の意。

二八12 **奇利を趁うの資本家** 「奇利」は思いがけない利益のこと、「趁う」は追いかけること、したがって思いがけない利益を追い求める資本家という意味。

二九2 **這箇の手段に濫觴せる** このようなやり方で始まっているとの意。「這箇」はこの、これ、それ、などを表わすことば、「濫觴」は物事のはじまり。

〃14 **故森田思軒氏が一文を艸して**… 森田思軒(一八六一―九七)は明治期の翻訳家・新聞記者。ヴィクトル・ユゴーの翻訳『探偵ユーベル』などがある。「艸」は草の総称で、草に同じ。

一八九四(明治二七)年九月、日清戦争時の黄海での海戦の際、軍艦高千穂のマストにどこからともなく一羽の鷹が飛んできた。その鷹を捕まえて戦争視察の勅使、斎藤実少佐を通じて明治天皇に献上された。この鷹は高千穂と名づけられて宮内省で飼育されることになった。この件が漢詩人森槐南や内閣書記官長の伊東巳代治などに取上げられた。森田思軒は、この一件を批判する文章を書いて問題とされた(神崎注)参照)。久米邦武(一八三九―一九三一)は歴史家、一八九一年『史学会雑誌』に発表した「神道は祭天の古俗」が、翌年『史海』に転載され、神道家たちからの批判をうけ東京帝国大学教授の地位を追われた。久米邦武事件として知られている。「西園寺侯」は西園寺公望(一八四九―一九四〇)で、一八九五年、第二次伊藤博文内閣の文部大臣時代に、高等師範学校の卒業式などで、従来の忠臣教育を改めて世界の趨勢に目を向けることのできる良民教育を行えと訓示して問題とされた。内村鑑三(注、四7参照)は、一八九〇年より第一高等中学校の嘱託教員であったが、翌年一月の始業式において教育勅語に対して拝礼しなかったために、国家主義者や仏教徒たちから不敬として批判をうけ、辞職を強いられた。内村鑑三不敬事件として知られている。尾崎行雄(一八五八―一九五四)は、一八九八年八月大隈重信内閣(隈板内閣)の文部大臣時代、帝国教育会で拝金主義の風潮を批判して、仮に共和政治が行われれば、三井、三菱は大統領候補になるであろう、と述べたことが不敬として攻撃され、一〇月に文相を辞任した。共和演説事件として知られている。

三一3　**英国人が愛国心の大に発揚せる最近の事例は…**　フランス革命およびナポレオン時代にヨーロッパ諸国はフランスに対して七回にわたる対仏同盟を結成した。第一回目は、プロイセンとオーストリアの間に結ばれたピルニッツ宣言に端を発するが、ルイ一六世の処刑後の一七九三年、イギリスはスペインなどとともに参加した。第七回目はナポレオンのパリ帰還後の一八一五年ウィーンで結成され、ワーテルローの戦いでナポレオンに決定的な勝利を収めた。「コルリッヂ」はコールリッジ(Coleridge, Samuel 一七七二―一八三四)でイギリスの詩人・批評家・哲学者、『文学的自叙伝』(一八一七)などで知られる。フォックス(Fox, Charles 一七四九―一八〇六)はイギリス自由党の政治家、外務大臣などを務めた。フランス革命を支持し対仏戦争に強硬に反対した。ロバートソン『愛国心と帝国』(原文一三頁以下)を参照しての記述である。

三三8　**溝壑に転ずる**　「溝」も「壑」もみぞのこと。どん底に転落するの意。

〃11　**ペートルローの事…**　ピータールー事件のこと。ワーテルローの戦いでナポレオンを打ち負かした後の一八一九年八月一六日、マンチェスターのセント・ピーター広場で起きた民衆虐殺事件。議会改革と穀物法の廃止を要求する数万人の労働者の集会に、騎馬警官隊が出動し一一名が死亡、数百人が負傷させられた事件。ロバートソン『愛国心と帝国』原文二〇頁を参照。

三四10　**独逸に一転せよ。故ビスマーク公は…**　ビスマルク(Bismarck, Otto 一八一五―九八)は一八六二年プロイセンの首相となり「鉄と血」によるプロイセン主導によるドイツ統一を推進、軍備拡張に努めた。普墺戦争、普仏戦争に勝利して七一年に統一を完成し、初代宰相となる。七八年社会主義者鎮圧法を制定、八三年からは各種の社会保障法を策定して「ムチとアメ」による政策を遂行し、九〇年辞職した。ロバートソン『愛国心と帝国』原文二三頁以下を参照しての記述である。

三六 12 **獣力のアポストル**　アポストル(apostle)は使徒(とりわけキリストの一二弟子の一人)のこと、ここではビスマルクを獣力の唱道者と形容している。

三七 7 **湮滅**　「湮」はしずむと訓読する。あとかたもなく消え去ること。

三八 12 **鷙鳥**　わしやたかなどの荒々しい鳥。

三九 2 **日本の大勲位侯爵**　山県有朋(一八三八—一九二二)のこと。長州藩出身、陸軍の創設にかかわる。一八九一年山県内閣総辞職後に元勲優遇を受ける。九三年枢密院議長、九五年侯爵、九八年元帥となり第二次山県内閣を組閣、九九年にはドイツ皇帝より赤鷲大綬章が授与された。ただし、大勲位菊花大綬章を受けるのは、本書刊行後の一九〇二年六月である。

〃 4 **忽焉として去て普魯西軍隊の剣欛に移れり**　「欛」は刀などの柄のこと。文章の意味は、たちまちのうちに消え去ってプロイセン軍隊の軍事力が評価されるようになってしまった。

四〇 5 **ビスマーク公の輔佐せる皇帝…**　ビスマルクが仕えたのはヴィルヘルム一世(Wilhelm I 一七九七—一八八八)でプロイセン王、初代ドイツ皇帝である。当時の皇帝はヴィルヘルム二世(Wilhelm II 一八五九―一九四一)である。ナポレオン一世(Napoléon I 一七六九―一八二一)、ナポレオン三世(Napoléon III 一八〇八―七三)ともにフランス皇帝。

〃 12　**マクベスの暴虐…**　シェークスピアの悲劇『マクベス』の場面(第五場)で、バーナムの森がダンシネーンの城に迫っていく話。

四一 10　**微りせば**　いなかったならばの意。

〃 11　**狺々相喰む豺狼の態**　吠えながら噛み付き合う山犬やおおかみの姿。

四三 4　**晨星**　明け方の空に残る星のこと、転じて数の少ないこと。

〃 8　**故後藤伯は、かつて…廟廊に曳裾せり**　一八八七年一〇月、後藤象二郎(一八三八―九七)の提唱により自由党・改進党の旧幹部が結集して丁亥倶楽部を結成、地租軽減、言論集会の自由、外交失策の挽回などを要求して大同団結運動を展開した。ところが、政府は八七年の保安条例の制定による運動の弾圧、他方では板垣退助や後藤への授爵による懐柔策をおこなった。八九年三月、後藤は黒田清隆内閣の逓信大臣として入閣し、運動は崩壊した。「煽揚」はあおって高揚させること、「翕然」は鳥がいっせいに飛び立つさま、「草の風に偃す」は風が草をなびきふせるの意であるが、『論語』顔淵篇の「君子の徳は風なり。小人の徳は草なり。草はこれに風を上《くわ》うるとき必ず偃す」に典拠する。「廟廊に曳裾せり」は後藤が授爵したことや入閣したことを指しているのであるが、「廟廊」は朝廷のこと、「曳裾」はすそをひかれることの義である。

〃14 **同舟風に遭えば呉越も兄弟たり**　呉越同舟は、仲の悪い者同士が行動をともにすること、春秋一二国のうちの呉王夫差と越王勾践の争いからきた故事。

四三1 **征清の役**　日清戦争(一八九四―九五)のこと。

〃1 **発越坌湧を極むる振古かつてあらざりき**　「発越」は外に発散すること、「坌湧」は一時にたくさんの物事が起ること、「振古」はむかしからの意味。

〃2 **白髪の翁媼より三尺の嬰孩に至るまで**　白髪頭のおじいさん、おばあさんより小さな赤ん坊にいたるまで。

〃10 **荆舒これ膺ち戎狄これ懲さん**　「荆舒」は南方の野蛮な国、「戎狄」も西方や北方の野蛮な国のこと、『詩経』閟宮篇「戎狄是膺、荆舒是懲」が典拠。

〃15 **それ一面において五百金千金を恤兵部に献ぜるの富豪…**　大倉喜八郎(一八三七―一九二八)は一八七三年大倉組商会を設立、台湾出兵の際の物資調達を契機にして陸軍御用商人として財を築いた。日清戦争では五〇〇〇円、一〇〇〇〇円の献金をおこなった。ところが、大連港に陸揚げされた軍需品のなかから、肉のかわりに石礫が混ざった缶詰が出てきた事件があり、御用商人であったところから大倉が非難されることになった。実際には、山陽堂という納入業者が、積荷のバランスをとるために入れておいた石塊が、荷降ろしの時に転げ落ちて混入したために起ったこととされている(一神崎注)参照)。なお、「恤兵部」は出征兵士の労苦をねぎらうために国民が金銭や物品を送る部署のこと。

四四9　**団匪の乱**　義和団事件の蔑称。一九世紀末、中国華北、東北地域に起った民衆暴動で、一八九九年には「扶清滅洋」をスローガンにして北京の在外公館や天津の租界地等を包囲、翌年日本など列強八カ国が共同出兵して鎮圧した。

四六4　**北清の役**　北清事変（一九〇〇―〇一）のこと。義和団の乱に対する列強の干渉戦争。一九〇一年九月列強より北京議定書を強要された清国は、膨大な賠償金を支払い、列強の軍隊を常駐させることになった。

〃14　**領を引て…足を翹て…**　「引領」は首を長くのばして、待ち望むさま。「翹足」はつま先だって、待ち望むさま。

四七10　**膏血**　あぶらと血、転じて苦労をして得た利益や財産のこと。

〃10　**消靡**　消えつきてしまうこと。

四八6　**防遏**　「遏」は止めること、したがって防ぎとめるの意味。

五〇1　**陥擠**　おし落とすこと。

〃3　**跋扈**　「跋」はこえるの意、「扈」は魚をとる竹かごのこと。横暴にふるまうこと。

〃4　**苅除**　「苅」は刈るの俗字、刈り取ってとり除くこと。

〃6　**戕賊**　傷つけそこなうこと。

五一4　**竭尽**　使いはたすこと。

〃11　**韜略を弄する**　「韜略」は六韜と三略と称する兵法の書のこと、転じて兵法の意となる。ここでは、兵法をもてあそぶの意味。

五二 5 **非望**　予期できない望みの意味。

〃 7 **噴飯の極**　「噴飯」は口のなかにある飯を噴き出すこと。滑稽の極地の意味。

〃 13 **故モルトケ将軍**　モルトケ(Moltke, Helmuth　一八〇〇―九一)は近代的ドイツ軍の創設者。プロイセン軍の参謀総長として、一八六六年の普墺戦争、一八七〇―七一年の普仏戦争に勝利した。引用文は、スイスの法学者であったブルンチュリー(Bluntschli, Johann　一八〇八―八一)への返書のなかに記されている言葉で、「永久平和は一つの夢であり、しかも満たされることのない夢である。それに対して戦争は神による世界の秩序形成の一つなのである。戦争においては、人間の最も気高い徳――勇気、滅私、義務への忠誠、自己犠牲への意志――が展開される。戦争というものがなければ、世界は唯物主義に耽ってしまうであろう」というものである(「ミドルトン注」を参照)。

五三 1 **駸々として…**　「駸々」は馬が速く走るさまから、物事が速やかに進行していくこと。

〃 2 **怫然赫然**　ともにむっとして怒るさま。

〃 14 **ニコラス二世**　ロシア皇帝のニコライ二世(Nikolai II　一八六八―一九一八)のこと。皇太子時代に来日し、津田三蔵により切りつけられた大津事件の当事者としても知られているが、革命後、家族とともに銃殺された。「平和会議」については注、八二11を参照。

五四 4 **マハン大佐…軍備と徴兵の功徳を説く**　マハン大佐(Mahan, Alfred　一八四〇―一九一四)

は、アメリカの軍人であり海軍史家としても著名である。海軍の拡張を主張する彼の理論は、アメリカやドイツの積極的な海外進出に影響をあたえた。一八九八年の米西戦争の作戦を指揮する。『歴史に及ぼす海軍力の影響 一六六〇―一七八三』(一八九〇)、『フランス革命と帝国に及ぼす海軍力の影響 一七九三―一八一二』(一八九二)などの著書がある。なお、日本においても大学南校において『兵学提要』(堤董真訳・小島忠廉校、一八七〇)が訳されたのをはじめとして、『海上権力史論』(水交社訳、東邦協会、一八九六年一一月)や『太平洋海権論』(水上梅彦訳、一八九九年七月)などが刊行されていた。幸徳の記述は、ロバートソン『愛国心と帝国』(原文八三頁以下)に依拠するものである。なお、マハンからの引用文についても『愛国心と帝国』(八三―四頁)によっているが、原文はマハン著『海上権力に関するアメリカの利害――現在と将来』(第七章)からのものであり、邦訳『太平洋海権論』がこれにあたる(「解説」で言及する山田朗論文参照)。

〃 10 **萎靡** なえしぼむこと。底本では「萎糜」と表記されている。

五五 3 **閭里市街** 村里や人が集まる町の意味。

五六 7 **剖析** 分解する、分析するの意。底本では「剖拆」と表記されている。

五七 14 **シーザーの軍隊は…** シーザーはローマの政治家であるカエサル(Caesar, Julius 前一〇二頃―四四)のこと。クロムエル(Cromwell, Oliver 一五九九―一六五八)はイギリスのピューリタン革命の指導者。一六四二年、内乱が勃発すると議会軍軍人として鉄騎隊を組織して王軍を破る。四八年には革命軍内の反対派、長老派等を弾圧、翌年には国王チャールズ一世を処刑、共和制を敷き厳しい軍事独裁政治をおこなった。ロバートソン『愛国心と帝国』原文八七頁。

六〇3 **ペリクレス…** ペリクレス(Periklēs 前四九五頃—四二九)はアテナイ(アテネ)の政治家。ダンテ(Dante Alighieri 一二六五—一三二一)はイタリアの詩人、『神曲』の作者として有名。エリザベスは、イギリス女王のエリザベス一世(Elizabeth I 一五三三—一六〇三)のこと。

〃14 **英国ヘンリー七世…** ヘンリー七世(Henry VII 一四五七—一五〇九)はチューダー王朝の創始者。ランカスター家の王位請求権者としてヨーク家との間の長年の内乱(バラ戦争)に終止符をうった。イギリス絶対主義の基礎を固めた人物。ヘンリー八世(Henry VIII 一四九一—一五四七)はその次子で、ローマ教皇と対立してイギリス国教会の首長となった。イギリス絶対主義の強化をはかり、エリザベス女王へと引き継がれた。アルマダはスペイン無敵艦隊のこと。一五八八年、スペイン王フェリペ二世がイギリス侵略のために派遣した大艦隊であるが、エリザベス一世の少数の艦隊に敗れた。スペンサー(Spencer, Edmund 一五五二頃—九九)はイギリスの詩人、「セークスピア」はイギリスの劇作家・詩人のシェークスピア(Shakespeare, William 一五六四—一六一六)のこと。ベーコン(Bacon, Francis 一五六一—一六二六)はイギリスの哲学者で、『ノヴム・オルガヌム』(一六二〇)の著者として知られている。

六二 4 **三十年戦争**　一六一八年から一六四八年まで、主としてドイツを戦場にしておこなわれた新教派と旧教派との宗教戦争。四八年のウェストファリア条約により停戦した。ドイツの荒廃は著しかった。

〃 5 **ルイ十四世**　ルイ一四世(Louis XIV　一六三八―一七一五)は「朕は国家なり」で知られるフランス国王、フランス絶対王政の頂点を築いた。

〃 5 **黷武**　みだりに武力を用いることの意。

〃 7 **近代英国のテニソン…**　テニスン(Tennyson, Alfred　一八〇九―九二)はヴィクトリア朝を代表する詩人、サッカレー(Thackeray, William　一八一一―六三)は『虚栄の市』(一八四七―四八)で知られる小説家。「ダルウィン」は進化論で有名なダーウィン(Darwin, Charles　一八〇九―八二)。トルストイ(Tolstoi, Lev　一八二八―一九一〇)は、『戦争と平和』(一八六三―六九)などの著作で知られているロシアの小説家・思想家。ドストエフスキー(Dostoevskii, Fyodor M.　一八二一―八一)もロシアの作家、『罪と罰』(一八六六)などで知られる。ツルゲーネフ(Turgenev, Ivan S.　一八一八―八三)、同じくロシアの作家で『猟人日記』(一八四七―五二)などが有名。

〃 13 **保元平治に衰え…**　平安時代の末期に起きた保元《ほうげん》の乱(一一五六)や平治《へいじ》の乱(一一五九)の時代のこと。天皇と上皇、摂関家内での対立、さらには武士団の対立に及び、平氏が武門としての地位を築いた。「元弘」は、鎌倉幕府が倒れた一三三三年が元弘三年に当る。「元亀天正」は一五七〇―九〇年代にあたり、戦国時代が終わり織田信長による天下統一がなされた時代である。「五山」は、中世の禅宗寺院のうちで、最上位の寺格を与えられて幕府の保護をうけた五つの寺院のこと。禅僧によってつくられた漢詩文は五山文学として知られている。

六二 4 **紫式部や赤染衛門**…　「紫式部」は平安時代の『源氏物語』の作者、「赤染衛門」は一〇世紀末から一一世紀前半に活躍した女流歌人、「清少納言」は『枕草子』の作者として知られる同じく平安時代の文学者。「山陽」は頼山陽(一七八〇―一八三二)で江戸時代後期の儒者、「馬琴」は滝沢(曲亭)馬琴(一七六七―一八四八)で江戸後期の読本作家、『南総里見八犬伝』の作者、「風来」は平賀源内(一七二八―七九)のことで江戸中期の本草家で多才家。滑稽本や浄瑠璃も書き、風来山人と号した。「巣林」は江戸前期の浄瑠璃、歌舞伎作者である近松門左衛門(一六五三―一七二四)のこと、巣林子と号した。「鷗外」は森鷗外(一八六二―一九二二)、「逍遥」は坪内逍遥(一八五九―一九三五)、「露伴」は幸田露伴(一八六七―一九四七)、「紅葉」は尾崎紅葉(一八六七―一九〇三)のこと。

六三 6 **アレキサンドル**…　「アレキサンドル」は空前の世界帝国を打ち立てたマケドニア王、アレクサンダー大王(Alexandros III 前三五六―三二三)、ハンニバル(Hannibal 前二四七―一八三)はカルタゴの将軍。このパラグラフはロバートソン『愛国心と帝国』(原文九六―七頁)によっている。

〃9　**一時征服のコンヴルションのみ…自然の理なり**　「コンヴルション」(conversion)は転換、変換の意味、したがって、一時的に征服が行われたにすぎないという文意。なお、五五頁一二行の「衝動《コンヴルシヨン》」は、convulsion(動乱などの意)で異なる。また「分崩の踵を旋さざりしは自然の理なり」の意は、「分崩」はバラバラにくずれること、「踵を旋らす」は、かかとの向きを変えて反対にすること、したがって、崩壊にむかったのは当然のことであったという文意である。

〃12　**カルセーヂ**　ロバートソン『愛国心と帝国』原文ではCarthageと表記。北アフリカ北岸の都市カルタゴのこと。

六四 1　**源義経…**　源義経(一一五九—八九)、楠木正成(一二九四—一三三六)、真田幸村(一五六七—一六一五)。

〃5　**項羽…別にあるあればなり**　項羽(前二三二—二〇二)は秦末に劉邦と天下を争った武将、劉邦(前二四七—一九五)は前漢初代の皇帝「高祖」となった。秦の時代の煩雑な法を廃止して三か条からなる法律を公布した。諸葛亮(一八一—二三四)は、三国時代の蜀の政治家、字《あざな》は孔明。武帝は三国時代魏の始祖、曹操(一五五—二二〇)の諡《おくりな》。「八門」「遁甲」ともに吉をとり凶を避ける術に用いられる語、「孟徳」は曹操の字、「新書」は書名に付されている語であろうか。意味は、多くの戦に勝利した項羽も簡潔な法律を作成して統治した高祖には及ばなかったし、諸葛孔明の実践的な軍略も武帝の書には及ばなかった、くらいのことであろう。

「搴旗斫将」は、敵の旗を奪い取り、将をきり殺すこと。

〃9　**フレデリッキと奈勃翁**　「フレデリッキ」は、プロイセン王のフリードリヒ二世(大王 Fried-rich II 一七一二―八六)のこと。若い頃はフランス文化にあこがれ文学や哲学に興味をもち、ヴォルテールに師事した。即位後は父の遺した強大な軍隊と豊富な資力により領土の拡大につとめた。ナポレオンはフランスの皇帝ナポレオン一世(一七六九―一八二一)。以下の記述は、ロバートソン『愛国心と帝国』(原文九七頁以下)の文章を参照している。

〃15　**ワシントン**…　ジョージ・ワシントン(Washington, George 一七三二―九九)はアメリカ合衆国初代大統領。「アンドリウ・ヂャクソン」はアンドリュー・ジャクソン(Jackson, Andrew 一七六七―一八四五)で第七代大統領。グラント将軍(Grant, Ulysses Simpson 一八二二―八五)は第一八代大統領。「リンコルン」は、アブラハム・リンカーン(Lincoln, Abraham 一八〇九―六五)のことで、第一六代大統領。

六六3　**ウェルリントン**…　ウェリントン(Wellington, Arthur Wellesley 一七六九―一八五二)はイギリスの軍人で政治家。一八一五年再起したナポレオンをワーテルローの戦いで破ったことで知られる。ネルソン(Nelson, Horatio 一七五八―一八〇五)はイギリス提督、トラファルガーの戦いでフランス艦隊を撃滅し、戦死したことで知られる。

〃10　**山県侯**…　「山県侯」は山県有朋(注、三九2参照)のこと。「樺山伯」は樺山資紀(一八三七―一九二二)のこと。薩摩藩出身の海軍大将、初代の台湾総督になった。「高島子」は高島鞆之助(一八四四―一九一六)のこと。薩摩藩出身、陸軍大臣、拓殖務大臣を経験した。

六七 3　**エポレット**　エポレット(épaulette)、士官の位を示す肩章、肩飾り。

六八 7　**古代希臘の武を事とする…**　「アゼン」はアテナイ(アテネ)のこと。スパルタと並ぶ古代ギリシアの都市国家。ペリクレス(注、六〇3参照)はアテナイの政治家で、民主政の指導者として知られている。「ペロポンネシアン戦争」はペロポネソス戦争(前四三一―四〇四)のこと。古代ギリシアの都市国家、アテナイとスパルタが、それぞれの同盟都市を率いて戦った戦争。「タシヂデス」はトゥキュディデス(Thoukydidēs　前四六〇―四〇〇頃)、古代ギリシアの歴史家、前四三一年ペロポネソス戦争が始まると、その歴史を記述することに着手したが、前四一一年までの叙述で終わった。未完の『歴史(戦史)』(全八巻)は厳密な史料批判により事実を正確に把握することに努め、後世に大きな影響を与えた。この個所の記述は、ロバートソン『愛国心と帝国』(原文九一頁以下)による。なお、引用文は、『愛国心と帝国』(原文九三―四頁)からの翻訳であるが、引用個所が明記されていない。トゥキュディデス『戦史』(久保正彰訳、岩波文庫版)では、「巻三」、「戦争と内乱がもたらす諸悪」(八二―八四)の「戦争あればこそ内乱が起る」(八二)のパラグラフの部分に相当する。

六九 15　**置郵**　宿駅の馬車を乗り継いでいくこと。

七〇 4　**暴虎馮河**　「暴虎馮河」は虎を素手でうち、黄河を徒歩でわたるの喩えから、血気にはやって無謀な行動をすること。『論語』述而篇、「暴虎馮河し、死して悔いなき者は、吾与《とも》にせざるなり」による。

〃4 **慎密** つつしみ深く注意が行き届いていること。

〃8 **離間者** たくらんで仲違いさせる人物のこと。

〃11 **自全** 自分の身の安全を保つこと。

〃15 **争鬩** 「鬩」は反目しあって争うこと。

七二10 **マリアスは出たり、シルラは出たり** マリウス(Marius, Gaius 前一五七―八六)は古代ローマの将軍で民衆派の指導者。「シルラ」はスラ(Sulla, Lucius 前一三八―七八)で、ローマ共和政末期の閥族派の政治家。マリウスの部下として戦争に従事したが、マリウス派と対立、内戦に勝利して、反対派を処刑し財産を没収した。

〃11 **蠢爾** 小虫がうごめく様子、あるいは取るに足りない者が騒ぎ立てる様子のこと。

〃13 **仏国ドレフューの大疑獄…** ドレフュス事件のこと。一八九四年フランス参謀本部の大尉アルフレッド・ドレフュス(Dreyfus, Alfred 一八五九―一九三五)がスパイ容疑で逮捕されたが、無罪を主張、一八九八年には、それをめぐって軍部、右翼、カトリック勢力と共和主義者、世俗勢力が対立、第三共和政に危機をもたらした事件。「エミール・ゾーラ」は小説家のゾラ(注、五7参照)、この事件に対して、一八九八年「われ告発す」を新聞に発表し、ドレフュスを弁護した。

七三13 **赳々たる幾万の狴犴** 「赳々」は勇ましく強いさま、「狴犴」の「狴」も「犴」も猛獣の名前、慣らして戦争に用いたとされる。転じて勇猛な兵士のこと。

〃15 **掩蔽**　おおい隠すこと。

〃15 **蹶然**　奮い立つさま。

七三 1 **淋漓**　血などがたらたらと流れるさま。

〃1 **纛頭**　「纛」はまっしぐらの意味。

〃7 **孟子曰く、自ら反して…**　『孟子』公孫丑上に典拠がある、「自ら反みて縮《なお》くば、千万人と雖も吾往《ゆ》かん」からの引用。本当の勇気について孔子が語った言葉、自分で反省して正しいと思うことであれば、相手がたとえ千万人であっても、断固として立ち向かっていくという意味。

〃13 **キッチェネル将軍…マーヂの墳墓を発掘して**　「キッチェネル」はキッチナー(Kitchener, Horatio 一八五〇—一九一六)、イギリスの陸軍軍人で、一八九二—九九年スーダンを征服し総督となり、一八九九—一九〇二年のボーア戦争では反乱を弾圧した。「マーヂ」はムハンマド・アフマド(Muḥammad Aḥmad 通称マフディ、一八四四—八五)のこと。「マーヂの墳墓を発掘して」云々は、ロバートソン『愛国心と帝国』(原文一〇九頁)では、キッチナー(Lord Kitchener)がハルツーム(Khartoum)においてマフディ(Mahdi)の墓を汚した行為として紹介されている。ムハンマド・アフマドは、スーダンの政治指導者であり、一八八三年オベイドを拠点にしてエジプト軍を撃破した。一八八五年にはハルツームを攻撃、イギリスのゴードン将軍は、この時戦死した。一八九八年キッチナーはハルツームを占領、マフディの墓を掘り返して、ゴードン将軍の復讐をしたのである。

一四一 1 **呉子胥が父仇…** 伍(呉)子胥は春秋時代の楚の人。前五二二年、父の伍奢と兄が楚の平王(在位、前五二八―五一六)に殺された。子胥は隣国の呉に逃れ、復讐の時機を待った。前五一五年、平王が死に昭王が立った。前五〇六年、呉王は楚を攻撃し、昭王は国外に逃亡する。一六年ぶりにその地に帰った子胥は、平王の墓を暴き、その屍に鞭打って無念を晴らした。『史記』伍子胥列伝の故事。

〃 10 **酸鼻し髪指せしむる** 「酸鼻」はむごたらしく、痛ましいこと、「髪指」は頭髪がさかだつこと、ひどく怒ること。

〃 14 **扶植** 「扶」はたすけること、「扶植」は植えつけること。

一四三 3 **善くナワリノに戦えり…** 一三世紀末におけるオスマン帝国(トルコ)の成立以来、キリスト教ヨーロッパとイスラム帝国との間には、様々な衝突が繰り返されてきた。とりわけ一九世紀にはロシア南下によるトルコの解体政策がすすめられ、他方ではエジプトなどの宗主国からの独立運動がおこなわれた。「ナワリノ」は、ギリシア独立戦争(一八二一―二九)において、イギリス、フランス、ロシアの連合艦隊がトルコ、エジプトの連合艦隊を破ったナヴァリノの海戦(一八二七)として知られている場所である。「クリミヤ」は、黒海に面するクリミア半島のことで、クリミア戦争(一八五三―五六)の地、ロシアのニコライ一世は「ヨーロッパの病人」であるトルコの分割を決意、トルコはイギリス、フランス、サルデーニャと連合して戦い、パリ条約が結ばれた。「プレヴナ」は、トルコ統治下のスラブ民族運動を支援するロシアとトルコとの間に起った露土戦争(一八七七—七八)において、ロシア軍が勝利を得た場所プレヴェンで、サン・ステファノ条約が締結された。「テッサリー」はギリシア本土の中北部の地方であるテッサリアのことであり、一八九七年オスマン帝国領であったクレタ島の領有をめぐってギリシア・トルコ戦争が勃発し、その戦場となった地域。キリスト教徒の反乱に乗じて、ギリシアが軍事介入したが、イギリス・フランスなどの列強が撤兵を要求、トルコが宣戦した。コンスタンチノープルで講和が成立し、クレタ島はトルコ宗主権のもとで自治が認められることになった。

〃8　**ニコラス一世**　ロシア皇帝、ニコライ一世(Nikolai I 一七九六—一八五五)で、保守反動政治をおこなったことで知られている。

〃13　**カント、シルレル…**　カント(Kant, Immanuel 一七二四—一八〇四)は哲学者、「シルレル」はシラー(Schiller, Johann 一七五九—一八〇五)で劇作家・詩人、「ヘルデル」はヘルダー(Herder, Johann 一七四四—一八〇三)で哲学者・文学者、「ゴエテ」はゲーテ(Goethe, Johann 一七四九—一八三二)で詩人・作家、「リヒテル」はリヒター(Richter, Johann 一七六三—一八二五)で詩人・人文学者、フィヒテ(Fichte, Johann 一七六二—一八一四)は哲学者、ブルンチュリー(Bluntschli, Johann 一八〇八—八一)はスイスの法学者・政治家、

「マークス」はカール・マルクス(Marx, Karl 一八一八—八三)、ラサール(Lassalle, Ferdinand 一八二五—六四)は労働運動・社会主義運動の指導者、「ワグネル」は作曲家のヴァーグナー(Wagner, Wilhelm Richard 一八一三—八三)、ハイネ(Heine, Heinrich 一七九七—一八五六)は詩人。ロバートソン『愛国心と帝国』(原文一一二頁)では、他にフンボルト兄弟(一七六七—一八三五/一七六九—一八五九)、哲学者・教育学者であるヘルバルト(一七七六—一八四一)、教育家のフレーベル(一七八二—一八五二)、神学者のシュライエルマハー(一七六八—一八三四)、歴史家のラウマー(一七八一—一八七三)、同じく歴史家のゲルヴィーヌス(一八〇五—七一)、動物学者のフォークト(一八一七—九五)、詩人のフライリヒラート(一八一〇—七六)の名前が連記されているが、秋水には馴染みが薄かったのであろう。

六六 7 **麟鳳は荆棘に栖まず** 麟鳳は、きりんとほうおうで、賢聖人の喩え、荆棘はいばらのこと。

〃 9 **ウィルヘルム…** ここでは、ドイツ皇帝、プロイセン王のヴィルヘルム二世(Wilhelm II 一八五九—一九四一)のこと。ビューロー(Bülow, Bernhard 一八四九—一九二九)はドイツ帝国の外相を経て宰相になり、ヴィルヘルム二世の世界政策を推進した。「ワルデルシー」は、プロイセンの軍人でモルトケの後任として陸軍参謀総長となったヴァルデルゼー(Waldersee, Alfred 一八三二—一九〇四)、ヴィルヘルム二世に対して影響力をもった。

六七 10 **懦弱なる巾幗** 巾幗は女性の髪飾りのこと、転じて女性、ここでは気の弱い女性。

六八 7 **戦争はただ…千古の笑柄たるにあらずや** 「狡獪」は悪がしこくずるいこと、「譎詐」は他人をあざむくたくらみの意味。「宋襄の仁」は無用の情けの意、春秋時代に宋の襄公が楚との戦いにおいて、臣下の敵陣が整わないうちに攻撃しようと進言したことを取り上げないで、敵陣の整うのをまって戦って負けてしまったという『春秋左氏伝』僖篇にある故事による。「千古の笑柄」は永遠のお笑いぐさの意味。

〃12　**陥穽**　落とし穴。

(一〇)3　**凌厲の色**　がむしゃらに命令するさま。

〃5　**乞丐**　こじきのこと。

〃9　**牛頭馬頭の呵責**　ごず、めず、ともに地獄の鬼。鬼のような責め苦の意味。

〃10　**羸弱**　「羸」はつかれる、よわいの意。底本には「嬴弱」と表記されている。

〃14　**嬴す**　余すの意味。

(一一)4　**蹉跌**　「蹉」も「跌」もつまずくの意。

(一三)7　**損耗**　減る、減らすの意味。

〃11　**一昨年露国皇帝が軍備制限の会議を主唱するや…**　ロシア皇帝ニコライ二世により提唱された、オランダで開催されたハーグ万国平和会議のこと。一八九九年、列国の軍備制限を目的として、ヨーロッパの主要な諸国家、日本、清国など全二六カ国が参加して開催された。採択された条約と宣言書は、国際紛争平和的処理条約など三条約、窒息せしむべきガスまたは有毒ガスの撒布を禁止する宣言など三宣言書であった。日本は、この条約に署名したのち、翌年に批准した。なお、一九〇七年には第二回会議が開催された。秋水は、第一回平和会議への参加に関して、「平和会議の賛同」(『万朝報』一八九八年九月二四日—一〇月一日)と題する論説で、ニコライ二世の提唱の実効性について消極的評価をしていた。

八三 3 **鞏固**　「鞏」も「固」もかたいの意。

〃 9 **鏽渋**　鏽《さび》がついたままにしておくこと。

〃 11 **睥睨**　横目でにらみ見ること、ここでは周囲をにらみつけて威圧する意味。

〃 12 **岌乎として**　「岌」はあやういさま、安心できないさまをあらわす語。

八四 13 **苦楚**　「苦」も「楚」も苦しい意。

八六 1 **草萊荒蕪**　「草萊」は荒れ果てた草むら、荒廃した土地。

〃 3 **渾円球**　地球のこと。

八七 14 **シピオ、カルセーヂの廃跡を見て**　「シピオ」はスキピオ(Scipio)のこと。ここでは、通称大スキピオと呼ばれている、古代ローマの将軍スキピオ・アフリカヌス(前二三六—一八四)のことであろう。イリパの戦いにより、カルタゴ(「カルセーヂ」)をヒスパニアから退去させ、ザマの戦いでハンニバルを倒し、カルタゴを壊滅させた。この業績によりアフリカヌスの称号を授けられた。その子供の養子が小スキピオである。

〃 15 **成吉士汗の帝国**　チンギス・ハーン(Chinggis Khan　一一六七—一二二七)が打ち建てたモンゴル帝国のこと。

八八 1 **神功の版属**　仲哀天皇の皇后。天皇とともに熊襲《くまそ》を平定するために筑紫に赴き、天皇亡き後は、神託にしたがって新羅征討の軍を組織して服属させた。帰途に応神天皇を生んだ。以後、即位することなく六九年間にわたり政治を支配したとされるが、説話的人物ともされている。

〃 1 **豊公**　豊臣秀吉(一五三七―九八)のこと。

〃 6 **ムーア人及びフロレンタイン**　ムーア人は現在の北アフリカ、モロッコやアルジェリアにあたる古代マウレタニアの原住民。七世紀、イスラムの侵入をうけてイスラム教に改宗した。「フロレンタイン」は Florentines(ロバートソン『愛国心と帝国』原文一五一頁)でイタリアのフィレンツェの人々。

〃 11 **北条氏治下の人民は、忽必烈の士卒に比して…**　モンゴル皇帝フビライ(Qubilai　一二一五―九四)は、日本との通交をもとめて国書を鎌倉幕府に送ったが、北条時宗(一二五一―八四)はこれを拒否し、文永の役(一二七四)・弘安の役(一二八一)により蒙古軍を撃退した。

九〇 4 **脅赫凌虐**　「脅赫」はどなりつけておどすの意、「凌虐」はおかしてしいたげること、陵虐に同じ。

〃 13 **セシル・ロードの野心とチャンバーレーンの功名**　セシル・ローズ(Rhodes, Cecil　一八五三―一九〇二)は、イギリスで生れたが南アフリカに移住、そこでロスチャイルド財閥の支援のもとにダイヤモンド業や金融業を独占した。一八九〇年ケープ植民地の首相、九〇―九三年には中央アフリカを征服、その名に由来するローデシア植民地を建設、九五―九六年トランスヴァール共和国への侵略政策を行い、批判をうけて失脚した。「チャンバーレーン」はチェンバレン(Chamberlain, Joseph　一八三六―一九一四)、イギリス自由党員であったが、グラッドストーンのアイルランド自治法案に反対して離脱、自由統一党を結成した。一八九五―一九〇三年ソールスベリ内閣の植民相として帝国主義政策を実行し、ボーア戦争をひき起こして、オレンジ自由国、トランスヴァール共和国をイギリス植民地とした。

九一 9　**尠少**　「尠」も「少」もすくないの意味。

〃 12　**シントヘレナに竄せらるる…錫蘭嶋**　セントヘレナ(「シントヘレナ」)はアフリカ南西海岸の西方にある大西洋の孤島。ナポレオン一世の流刑地として知られている。「竄」は追放するの意味。セイロン島(「錫蘭嶋」)はインド南東の島、一八〇二年以来イギリス直轄の植民地であった。

九二 7　**ワルデルシー将軍**　注、七六 9参照。

〃 9　**マインツに開ける独逸社会党の総会**　一九〇〇年九月にマインツで開催されたドイツ社会民主党の党大会。ドイツ社会民主党は、一八九〇年社会主義者取締法が廃案となり党名を変更して誕生した。この頃、ドイツ社会民主党内部では、ベルンシュタインによって提起された修正主義論争がおおきなテーマであった。引用文は、ポール・ジンガーによって提出された世界政治に関する議決文からピック・アップされたものである(「ミドルトン注」を参照)。

〃 14　**呑噬**　のむこととかむこと、転じて侵略すること、滅ぼして併合すること。

九三 4　**滅燼**　「燼」は燃え残り、生き残りのこと。「滅燼」は徹底的に滅亡させること。

〃 10　**炳乎として**　「炳乎」はひかり輝き明らかなさま。まったく明らかなようにの意味。

〃 15　**米国が初めキューバの叛徒を助けて西班牙と戦うや…**　スペイン領キューバでは、一八九五年ホセ・マルティらの指導で独立運動が始まった。アメリカの大衆新聞は、スペイン側の弾圧と残虐行為を煽りたてた。九八年の戦艦メイン号爆沈事件などをきっかけにして、四月マッキンレー大統領はスペインに宣戦布告して、米西戦争が開始された。マニラ湾での海戦に始まる戦闘はアメリカ軍の勝利に終わり、一二月パリ条約が締結された。その結果、キューバの独立、プエルト・リコ、グアム、フィリピンのアメリカへの割譲、また賠償金の支払が決定された。アメリカ国内でも、ブライアンやカーネギーにより反帝国主義連盟が結成され、フィリピン領有に反対する声があがった。

九四 14　**モンローの宣言**　一八二三年の年次教書のなかで、第五代アメリカ大統領モンロー(Monroe, James 一七五八―一八三一)によって唱えられた外交の基本方針、モンロー主義といわれている。ヨーロッパ諸国のアメリカ不干渉の原則、アメリカ非植民地化の原則、アメリカのヨーロッパ不干渉の原則などを内容とし、建国以来の孤立主義の立場を鮮明にしたもの。

九五 1　**出師**　「出師」は軍隊を派遣すること、出兵すること。

〃 1　**藉口**　「藉」はかりる意、「藉口」はかこつける、口実をもうけて言い訳をすること。

〃 8　**杞憂**　無用の心配。昔、杞の国の人が、天地がくずれ落ちたらどうしようと心配して、夜も寝られず食事ものどを通らなかったという故事からきた熟語(『列子』天瑞篇)。

九六 3 **邪径**　「径」はこみちの意、ここでは、「邪径」は間違ったみちのこと。

九八 13 **英国版図の広大なる…**　統計はロバートソン『愛国心と帝国』(原文一七四―五頁)による。なお、幸徳が記しているように、一八五三年より一八九七年までのイギリス人及びアイルランド人の海外移住者が総計八五〇万人として、イギリス植民地へ移住するものが二〇〇万人、アメリカ合衆国へ移民するものが五五〇万人では計算が合わないことになるが、これは原文どおりの翻訳である。〔ミドルトン注〕では、合衆国への移民が六二〇万人、その他の地域への移民が二二〇万人と指摘されている。

九九 10 **藉く**　口実にすること。底本は「籍」になっているが間違い。

一〇〇 13 **百川の朝宗する**　多くの川が集まって海に注ぐこと。

一〇一 3 **アビシニア広漠の野に…**　イタリアは、一八九五年東アフリカでの足場を固めるためエチオピアに侵略した(アビシニア戦争)。しかし、翌年にはアドワの戦で完敗しアビシニアの独立を承認、帝国主義国として軍事力の弱さをさらすことになった。

〃 11 **万口**　多くの人の口、ここでは、すべての人がという意味。

一〇三 4 **他国を侵掠し、その財富を劫掠し**　「掠」はかすめるの意、「略」に書き換えられる。「侵掠」は侵略すること、「劫掠」はおびやかして奪い取るの意味。

〃 5 **帖木児**　ティームール(Timūr　一三三六―一四〇五)のこと、別称タメルラン。一三六九年サマルカンドを首都として王位につき、ペルシャ、グルジア、タタール帝国を征服、インドに侵入、一四〇二年アンゴラの会戦でオスマン帝国軍を破り、中央アジアから西アジアにおけるスルタンとなった。チンギス・ハーンの子孫であると自称し、モンゴル帝国の再建を夢見た。

一〇三 7 **兀進**　「兀」は一心不乱に勉強するさま(兀兀)、「兀進」はひたすら増進するの意味であろう。

一〇四 4 **滔々底止**　「滔々」は水などが勢いよく盛んに流れていくさま、「底止」はゆきどまること。

一〇五 6 **華主**　おとくい、顧客。

〃 13 **貨殖の訣**　「貨殖」は資産を増やすこと、金をもうけること、「訣」は奥義、秘訣の意味。

一〇七 11 **生を母国に聊んぜずして**　「聊」は、たよる(頼)・ねがう(願)・やすらか(安)などの意、母国で安心した生活ができなくて、あるいは母国での生活に頼ることができなくて、の文意。

〃 14 **桎梏**　「桎」は罪人の足にはめて自由をうばう刑具、足かせ、「梏」は手かせ、「桎梏」は束縛の意。

一〇八 6 **フィリップ二世の西班牙大帝国を…**　スペイン王フェリペ二世(Felipe II 一五二七―九八)は父親である神聖ローマ帝国皇帝カール五世からスペイン本国、新大陸植民地、イタリア、ネーデルランド等を相続し、また一五八〇年にはポルトガル王を兼ね、スペイン絶対王政の絶頂期を築いた。しかし、度重なる戦争と、イギリス・オランダとの商業上の競争は国庫を危うくし、一五八八年、無敵艦隊がイギリスに敗北しその没落を決定的なものにした。注、六〇14参照。

〃7　**ルイ十四世の仏国大帝国を撃破せし当時の英国**　ルイ一四世支配下(一六四三―一七一五)フランスは、名誉革命により追放されたジェームズ二世の王位回復運動を支援して、ウィリアム国王下のイギリスを攪乱し、国境をライン河まで拡張してファルツ侵略を開始した。それに対してイギリスは、ドイツ・スペインと同盟して、一六九七年まで対フランス戦争を続行しフランスの企てを打ち砕いた。さらに一七〇一年スペイン継承戦争においても第二回の対フランス戦争を開始した。アメリカ、インドにおける植民地戦争となった、この戦争においてもイギリスが大勝、一七一三年のユトレヒト和約において、イギリスはジブラルタル、ミノルカ島、ニューファンドランド、ハドソン湾地方などを獲得した。

一〇九 6　**渝らざる**　「渝」はかわる、変化すること。

〃9　**縦横に汲々たらしめんか**　「縦横」は合従(縦)連衡(横)の略、「汲」は忙しいさま。政治的かけひきばかりに従事していたとしたら、の意。

〃14　**ピット、ヂスレリーの衣鉢を継ぎ将て**　ピットはイギリスの政治家大ピット(Pitt, William 一七〇八―七八)のことであろう。七年戦争(一七五六―六三)を事実上指導したほか、「大平民」とよばれるほどの世論を背景にして、インドや北アメリカでの対フランス戦争に勝利し、イギリスを世界帝国へと導いた。「ヂスレリー」はヴィクトリア時代の保守党政治家ディズレーリ(Disraeli, Benjamin 一八〇四―八一)のこと。グラッドストーンの国内自由主義的諸改革に対して、スエズ運河の買収(一八七五)や女王のインド女帝兼任など積極的な対外的帝国主義政策を遂行したことで知られる。「衣鉢」の「衣」は袈裟、「鉢」は施し物を受ける鉄鉢のことで仏教の奥義。ここでは、考え方ややり方を引き継いで、の意。

二〇1 **沈湎**　酒色にふけりおぼれること。

〃5 **胥率いて**　「胥」は皆の意、こぞってという意味。

〃6 **キップリング、ヘンレー**　キップリング(Kipling, Rudyard 一八六五—一九三六)は小説家・詩人。イギリス領インドのボンベイで生まれ、イギリスで教育をうけた。『ジャングル・ブック』(一八九四)が有名。「ヘンレー」は詩人、評論家、劇作家であるヘンリー(Henley, William 一八四九—一九〇三)のこと。以下三つのパラグラフはロバートソン『愛国心と帝国』(原文五二—五頁)を参照している。

〃10 **カーツーム**　ハルツームのこと。注、七三13参照。

〃10 **蛮野獷猂**　野蛮で、あらあらしいこと。「猂」は「悍」の俗字。

〃14 **蜚走**　「蜚」はとぶの意、飛んではしる。

二一9 **如上**　前に述べたように。

二三11 **カーライル**　イギリスの評論家・思想家カーライル(Carlyle, Thomas 一七九五—一八八一)、このセンテンスはロバートソン『愛国心と帝国』(原文二〇〇頁)を参照しての記述である。

〃12 **サア・ロバート・モリエル氏** 「モリエル氏」はイギリスの外交官(Morier, Sir Robert Burnett David 一八二六―九三)(〔ミドルトン注〕を参照)。

一三5 **泡沫** 「泡」も「沫」もあわ、はかないことのたとえ。

〃6 **燭照する** もし火が照らしているという意から、明らかにしているということ。

一四1 **二億の償金** 日清戦争(一八九四―九五)に勝利した日本は下関条約によって遼東半島、台湾などの獲得のほかに、賠償金として庫平銀二億両《テール》を得た。

〃6 **黄粱一炊の夢** 「黄粱」は粟の一種。『枕中記』にある説話で、邯鄲の宿屋で、主人が粟飯を炊いている短い時間に、盧生という人物が富貴をきわめた一生の夢をみたという話から、人生のはかなさを意味している。したがって、ここではかない夢のこと。

〃10 **蠹賊** 「蠹」はきくいむしのこと、転じて物事をそこなう意味になる。「蠹賊」とは、物事をそこなうこと、あるいはそこなうものの意。

一五4 **残害** 「残」はそこなう意、「残害」は傷つけて殺してしまうこと。

〃7 **『紐育ワールド』** ニューヨークで刊行されていた日刊紙、『ワールド』(*World*)紙のこと。一八八三年ピュリツァーにより買収された、わずか二万部しかなかったこの新聞は、この頃には百万部をこえる新聞となった。ハースト創刊の『ジャーナル』紙との熾烈な販売競争をつづけ、大衆の興味をひくゴシップ記事を掲げた。同紙に連載された漫画の主人公が黄色い服を着ていたため、イエロー・ジャーナリズムの語を生み出した。底本は『紐育ワード』と表記している。〔ミドルトン注〕によれば、紹介記事は、*The New York World*（一九〇〇年一二月三〇日号）掲載の「最大の危険は何か」「社会的に、政治的に」「新世紀に直面して」とする見出しの記事とのことである。

〃9　**フレデリック・ハリソンは曰く…**　フレデリック・ハリソン（Harrison, Frederic　一八三一―一九二三）は、イギリスの実証主義哲学者・伝記作家・批評家。イギリス実証主義協会を設立し、会長を務めた。「ザンギール」はザングウィル（Zangwill, Israel　一八六四―一九二六）でイギリスの小説家・詩人。シオニストとして有名であった。「カイル・ハルヂー」はケア・ハーディ（Hardie, Keir　一八五六―一九一五）のこと。イギリスの労働運動家、社会主義者で独立労働党の創設者。一九〇七年には来日した。ハーディについては、〔ミドルトン注〕を参照。カール・ブラインド（Blind, Karl　一八二六―一九〇七）はドイツの政治家・作家。一八四八年革命に参加、ドイツ民話などを書いた。後年はイギリスに渡った。

二六8　**爾後英国三十二年改革や…**　「英国三十二年改革」は、一八三二年グレー内閣のもとで行われた選挙法の改正のこと。これにより有権者数は一六万人から九三万人に増加し、新興ブルジョアジーに政治的権力が与えられることになった。「仏国四十八年の革命」は、ルイ・フィリップの七月王政を倒した二月革命、パリ民衆の蜂起により国王は退位し、第二共和政が樹立された。「伊太利の統一」は一八六一年、オスマン帝国（トルコ）からの「希臘の独立」が正式に承認されたのは一八二九年のロンドン会議。「時疫」は流行病のこと。

〃10 **メテルニヒ** オーストリアの政治家であるメッテルニヒ(Metternich, Klemens 一七七三―一八五九)は、巧妙な外交政策でナポレオン一世に対抗し、一八一四―一五年のウィーン会議では議長を務めた。一八二一―四八年までオーストリア宰相として反動的なウィーン体制を支えた。

〃13 **破毀** 「破」も「毀」もやぶる、やぶれるの意。「破毀」は破壊すること。

二七6 **偏僻** 「偏」も「僻」も、かたよると訓読する。

〃8 **掃蕩苅除** 掃蕩は、はらい除くこと。

〃12 **百鬼夜行** 様々なばけものが夜歩き回ること、転じて悪人がわがもの顔にはびこること。

解　説

山泉　進

1

本書は二〇世紀初頭に刊行された「帝国主義」批判の書である。幸徳秋水によれば「帝国主義」は「いわゆる愛国心を経となし、いわゆる軍国主義を緯となして、もって織り成せるの政策」であるとされる。そして、そもそも「愛国心」と「軍国主義」の根源はどこにあるのか、秋水はこう問う。その歴史的生成の事実と現況を指摘したうえでの秋水の結論は簡明である。「帝国主義」は「二十世紀の文明」を破壊しつくすものであると。そうであるとすれば、現在の「社会国家」の「大清潔法」が必要であり、「世界的大革命」の運動が開始されなければならない。百年前の非戦論は、いま、「帝国」が浮上する時代に再び新しい警鐘を鳴らしている。

『廿世紀之怪物　帝国主義』(以下、『帝国主義』と略す)は、幸徳秋水の最初の著作として、一九〇一(明治三四)年四月二〇日、警醒社書店から発行された。四六判、本文は一三四頁、巻頭には四月一一日付の内村鑑三の序文「『帝国主義』に序す」三頁、秋水の「例言三則」が二頁、目次六頁、巻末には奥付一頁、警醒社書店の広告三頁が付せられている。「例言三則」には、あえて「著」とは謳わないで「述」としたことが記され、表紙にもそのように印刷されている。再版は同年五月一〇日、三版は一九〇三(明治三六)年一〇月一〇日、第四版については、即日発禁処分を受けた幸徳秋水著『平民主義』(一九〇七年四月二五日)に広告されているが、実物で確認していない。なお、第三版には、「本書に対する批評」と題されて、一六本の書評と紹介記事とが一六頁にわたって付加されている。本書では割愛したが、『初期社会主義研究』(第一四号、二〇〇一年一二月)に再録されている。

幸徳秋水は、一八七一(明治四)年旧暦九月二三日(新暦一一月五日)、高知県の西南、今では清流として名高い四万十川の河口に近い町、中村で生れた。中村は土佐の小京都とよばれているように、町としての発展は、応仁の乱を逃れて一条教房がその荘園の地へ下国したときから始まっている。妻であった師岡千代子の『風々雨々』(一九四七年七月)には、秋水の先祖は「安倍晴明の末裔で幸徳井《かでい》某と云ふ人」で、京都の公家で代々「陰陽師」であったなどと書かれている。事実はともかく、秋水の実家は薬種業と酒造業を営む「俵屋」と呼ばれる、町でも屈指の商家であったことは確かであり、そんな由緒が語られる素地もあった。本名は伝次郎、長男ではなかったが、後に家業を継ぐ身になった。誕生の翌年には、父篤明が他界し、母多治の手で育てられることになる。このことが伝次郎の母に対する「孝」の気持ちを生涯もたせることになった。中村小学校を卒業後、中学校に入学したが、進学者が少なく高知中学校に吸収合併されることになり、海路高知に出て郷里の漢学者であった木戸明が設立した遊焉義塾に寄宿することになる。しかし、健康を害し、中学校での勉学は断念せざるをえなくなる。

秋水は、平民社時代に書いた文章のなかで、自分が社会主義者になった理由を「境遇」と「読書」とにわけて自己分析して、「境遇」としては、「維新後一家親戚の家道衰ふるを見て同情に堪へざりし事」「自身の学資なきことの口惜しくて運命の不公を感ぜし事」をあげている。維新後、一時的に家業が振るわず、若くして寡婦となった母親の苦労を身にしみて知っていること、あるいは、母方の親戚で一族の出世頭であった熊本県令、安岡良亮が一八七六(明治九)年の神風連の乱において落命し、郷党社会の中での出世への強い絆を失ってしまったこと、さらには才能にめぐまれながらも生来病弱で勉学を継続する健康にめぐまれなかったこと、これらの境遇が「不平」意識を生み出し、現実社会への批判へと向かった。もちろん、その境遇にネガティヴな側面しかなかったわけではなく、ポジティヴな側面としては、「土佐に生れて幼より自由平等説に心酔せし事」を指摘している。幼少時に自由民権運動の息吹を吸い、土佐出身の民権家、林有造や板垣退助と出会った。学校教育における挫折後、伝次郎は何度か郷里を出奔し、やがて保安条例により東京を追われた中江兆民との大阪での出会いが、伝次郎に「自由」と「平等」という思想についての決定的な影響を与えることになった。秋水という号にまつわる兆民とのやりとりは、このことを象徴的に表現している。兆民没後に書かれた秋水著『兆民先生』(一九〇二年五月)にいう。ある朝、兆民は訪ねてきた高利貸しを例にとって、「彼れの因循《いんじゅん》にして不得要領《ふとくようりょう》なる、人をして煩悶《はんもん》に堪へざらしむ」ものがある。しかるに彼は財をなしている。このように世の中を生きていくためには「朦朧《もうろう》」としていることが大事である。ところが、おまえは「義理明白」にすぎている。これを戒めるためには「春藹《しゅんあい》」という号にするがよい、こう兆民は忠告した。これに対して伝次郎は、自分は「春藹」ということは嫌いであるから、別の号にして欲しいと拒絶した。兆民は、「益々笑ふて」いう、それならば「春藹」とは意味が全く正反対である「秋水」という号を与えようと。実は、「秋水」という号は、兆民自身が若い頃に使用していた号であった。幸徳秋水は、この逸話のすこし前の個所で、中江兆民が革命家として、政治家として、実業家として、また文筆家として失敗した理由を掲げ、「直情径行《ちよくじようけいこう》」を好んで「紆余曲折」を憎んだこと、「義理明白」を喜んで「曖昧模稜《あいまいもりよう》」を嫌ったこと、直ちに理想を実現しようとして社会を敵として激闘したこと、をあげている。幸徳伝次郎は、書生として兆民の側にあって、その失敗の姿と理由とを知りながら、あえて「秋水」の生き方を選んだのである。兆民が「益々笑ふて」秋水という号を与えたことの意味するところは、伝次郎の性格を十分に知ったうえで、それでも「秋水」としての生き方を否定しなかったということである。

ところで、兆民との関係でいえば、秋水が『帝国主義』を刊行した一九〇一年四月という月は、兆民は大阪にあって、医者から喉頭がんで一年半の命であるとの宣告を受けた時であった。「二十八日」付の兆民から秋水への礼状が、第三版に「中江篤介先生評」として掲載されている。発表の順番でいえば、先の『兆民先生』の文中に、すでに紹介されていたものであった。四月二〇日が『帝国主義』の発行日になっていることから推察すれば、「二十八日」の日付は、四月二八日のことであり、秋水は『帝国主義』刊行の時、兆民の病状を知って贈呈したと考えられる（中江兆民著・伊田進也校注『一年有半・

続一年有半』岩波文庫、掲載の略年譜によれば、兆民の妻、弥子の大阪着が二〇日であるので、秋水にはその前に知らされていたと推測できる)。兆民の礼状には、「病中退屈早速誦読《しょうどく》卒業」、つまり、病気療養中で何もすることもなく早速に口に出して読んでみました、とある。続いて「議論痛絶《ぎろんつうぜつ》所謂《いわゆる》疾之《しつの》身《み》に在《ある》を忘れ申候《もうしそうろう》」、議論はきわめてすばらしいもので、自分が病気の身体であることを忘れてしまうほどでした。また、文章については「行文勁《こうぶんけい》練《れん》、而も醞藉之趣《うんしゃのおもむき》を失はず、敬服之至《けいふくのいたり》に候」、文章は力強く、よくこなれていて、それでいて醞藉(奥ゆかしくて穏やかなさま)を失っていない、敬服いたすばかりです、と。内容については、現在の帝国主義はまったくの「黷武《とくぶ》主義《しゅぎ》」(みだりに武力を用いる主義)で、秦の始皇帝や漢の武帝が行った暴挙を、科学を利用した強力な武器によって行っているものであり、まったく歴史的にみてこれ以上ない悲惨さを生み出しているといってもよいほどである。本当に戦争を止める目的で、アジア大陸に「雄張する」ならば、いつの日か世界平和という大義を希望することができよう。しかし、こういうような大事業は、とうてい現在の「斗《と》筲輩《そうはい》」(器量のない小人物たち)と正しく議論できるようなことではない。兆民は、『帝国主義』をこう評したのであるが、この年一二月、夢に破れて亡くなった。

少し話をもどせば、秋水が社会主義者になった理由として掲げたものは、「境遇」のほかには「読書」であった。「孟子、欧州の革命史、兆民先生の三酔人経綸問答、ヘンリージョージの『社会問題』及『進歩と貧窮』」があげられ、そのうえで、「されど「予は社会主義者なり」と明白に断言し得たるは、今より六七年前初めてシャフレの『社会主義神髄』を読みたる時なり」と答えている。シェフレ（Schäffle, A.E.F. 一八三一―一九〇三）はドイツの講壇社会主義者として分類されている人物であるが、その英語版 *The Quintessence of Socialism*（初版、一八八九年）を読んだ時は、六、七年前を信用すれば、一八九八年か一八九九年かのことになる。秋水が社会主義研究会に入会するのは、一八九八（明治三一）年一一月のことであるので、『帝国主義』を刊行した時は、秋水は社会主義者として自覚し、その視点から本書を執筆したと考えてまちがいない。一九〇〇年、社会主義研究会は安部磯雄を会長にして社会主義協会へと改組、演説会を中心とした啓蒙団体へと変容し、翌一九〇一年五月には、日本で最初の社会主義政党である社会民主党を結成する。直ちに治安警察法により結党を禁止された。しかし、いくつかの新聞に結党のことが紹介され、しかもその宣言書を掲載した新聞紙が新聞紙条例により裁判が行われるに及んで、社会主義者の存在がかえって知られるという皮肉を生み出すことにもなった。当時、『万朝報《よろずちょうほう》』の記者であった秋水は、社会民主党の結成のための準備会に参加し、「我は社会主義者也」(『万朝報』一九〇一年四月九日号)と宣言をし、そして『帝国主義』を公刊して、社会民主党の六名の創立人の一人として名前を連ねたのである。

一九〇三年、幸徳秋水は社会主義についてのエッセンスを論じた『社会主義神髄』(一九〇三年七月)を刊行、その秋、日露の軍事的対立が深まるなか、同じ『万朝報』記者であった堺利彦と「非戦論」を掲げて朝報社を退社、新たに平民社を結成して週刊『平民新聞』を刊行、非戦活動を開始した。相次ぐ弾圧のなか、秋水自身も筆禍事件により五カ月間の入獄を強いられた。平民社は日露戦争終結後まで、およそ二年間ほどの活動の後解散、秋水は一九〇五年一一月、アメリカにむけて旅立つことになる。獄中での読書と思索、アメリカ西海岸、サンフランシスコ・ベイエリアでの社会主義者たちとの交流、またサンフランシスコ大地震との遭遇は、これまでの社会民主主義的思想と普通選挙運動を中心とした合法的運動方針を大きく変えることになった。クロポトキンの影響をうけた相互扶助にもとづく「無政府共産主義」の思想と直接行動論の主張である。秋水の問題提起は、その留守中の一九〇六年一月に、西園寺内閣のもとで合法化された日本社会党の活動を分裂させることになり、幸徳秋水を中心とする直接行動派と片山潜や田添鉄二らを中心とする議会政策派との対立を生み出していく。一九一〇年五月から逮捕が始まる「大逆事件」は、幸徳秋水を首謀者として天皇暗殺の「謀議」がおこなわれたとするものであった。この事件は、非合法主義をも辞さず、また労働者のゼネ・ストによる直接行動を主張し、権力・権威に対する対抗暴力を否定しない直接行動派をターゲットとする権力犯罪であったと現在では評価されている。当時の桂太郎内閣は、対外的に朝鮮半島の完全植民地化を遂行するために、「大逆事件」を利用して、議会政策派を含む社会主義思想を異端として根絶やしにし、よって天皇を中心とする国内統合をはかろうとした。幸徳秋水は、一九一一(明治四四)年一月一八日、大審院において、他の二三名とともに死刑判決を受け(翌日半数の一二名は恩赦により無期懲役に減刑)、同月二四日東京、市ヶ谷の東京監獄において絞死刑に処せられた。

2

幸徳秋水の認識においては、政治や道徳の腐敗、堕落の原因が社会組織にあり、この社会組織の「改造」以外に光明を見出せない、その改造策がやがて「社会主義」へと形をなしていったのが、一八九八年あたりのこと。秋水は、この年の暮れ、「歳晩慨言《さいばんがいげん》」(『万朝報』一二月三一日号)のなかで、自分の人生の目的、社会の理想は、「正義」「平和」「自由」「平等」の四つの言葉にあると記した。これらの価値は、秋水が自由民権思想、あるいは中江兆民を通して得た思想的指針であった。この思想的指針が、国際関係や外交政策の指針へと適用されるのには、もう少し年月を必要とした。「日本」の国家的利益を越えて、「平和」の価値から戦争や軍備を批判しはじめるのは、少なくとも「非戦争主義」(同、一九〇〇年八月七日号)あたりまで下らなければならない。秋水は、この論説のなかで、平和を説き、非戦争を唱えることが、「非愛国」「非忠君」「大逆無道」の言葉で非難される現状を告発する。そして、『帝国主義』の構成をなす、「大逆無道録」(『千代田毎夕』一一一五、同年一一月二四日号―一二月一五日号)、「刀尋段段録《とうじんだんだんろく》」(同、一一一六、同年一二月一七日号―一九〇一年一月一六日号)、「帝国主義」(同、一一一九、一九〇一年一月一九日号―二月一四日号)の三つの論説を執筆する。このうち、「大逆無道録」が『帝国主義』の第二章「愛国心を論ず」、「刀尋段段録」が第三章「軍国主義を論ず」、「帝国主義」が第四章「帝国主義を論ず」の「その四」までに対応することになる(なお、幸徳秋水の『帝国主義』についての研究史については、平塚健太郎「幸徳秋水の帝国主義論をめぐって」『初期

社会主義研究』第一一号、一九九八年一二月を参照)。

ところで、私は修士論文において、幸徳秋水の社会主義理解をテーマにしたのであるが、その執筆の頃、「非戦争主義」と「大逆無道録」以下の三論説との間に書かれた「所謂戦争文学」(『日本人』一九〇〇年九月五日号)のなかに登場する、ある人物名に注目したことがあった。その個所は、「ジョン・エム・ロバートソンはその新著『パトリオチズム・エンド・エンパイア』において論じていわく、「かの文明的生活と相容るべからざる一切の動物的天性より発現し来れるものを以て、最良の文学なりと定義するが如きは、これ文学の為めに甚しき恥辱なり、全篇を通じて愛情なく、あるところのものは野蛮なる嫉悪の情のみ」云々と始まるところであった。秋水は、この引用のあとに、「しかり、予もまたいわん、かれらのいわゆる鼓舞激励は、一片博愛的同情あるにあらずして、実に動物的欲情を煽動するに過ぎざるなり、これらの文学やわが国文学前途の為めに決して賀すべきものにあらざるなり」と、この意見に賛同している。幸い調べてみると、早稲田大学図書館所蔵の坪内逍遥文庫のなかに、John M. Robertson, *Patriotism and Empire* (London, 1899) が収録されていることがわかった。手にしてみると、二〇〇頁を少し越えるこの著書の構成は、第一部「愛国心と軍国主義の起源」、第二部「軍国主義統治」、第三部「帝国主義の理論と行動」となっていて、あきらかに秋水『帝国主義』の章立てに符合し、また『帝国主義』に引用されているいくつかの個所は、この著作から採られていることも一目瞭然であった。その時、秋水が『帝国主義』の表紙に幸徳秋水「著」と記さないで「述」としたことの意味も呑み込めた。その後、同様な指摘が宮本盛太郎氏からなされ、山田朗氏が該当する個所の綿密な照合とロバートソンについての紹介をおこなったことによって(「幸徳秋水の帝国主義認識とイギリス『ニューラディカリズム』」『日本史研究』一九八四年九月号)、この事実は、現在では確定的なものとなっている。むろん、「大逆無道録」以下の三論説は、ほぼ、ロバートソンの著作の第一部以下を下敷きにして書き進められたことも判明したのである。こうして、幸徳秋水が列強の植民地争奪というパワー・ポリティクスを批判する「平和」や「文明」の価値観に具体的な形をあたえて、「帝国主義」批判に向かわせたものが、ロバートソンの著作と出会った一九〇〇(明治三三)年八月頃であったということが推測できることになった。

ロバートソン(Robertson, John Mackinnon 一八五六―一九三三)は、スコットランドのグラスゴーの南西に位置するアラン島のブロディックという町で生れた。後、スターリングという町の学校へ通ったが、一三歳で学校を出たあとは、ほぼ独学によりジャーナリストの道に進み、『エジンバラ・イヴニング・ニュース』紙の記者となった。読書家で、外国語に堪能であったといわれる。一八八四年、非宗教化運動の指導者チャールズ・ブラッドローに招かれてロンドンに出て、全国非宗教化協会の機関誌『ナショナル・リフォーマー』の編集者となり、またアニー・ベザント夫人とも交際をもった。「非宗教化」は secular の訳語であるが、この協会は、実証主義的精神と科学的合理性にもとづいてあらゆる来世的な宗教的信条を否定し、また宗教と国家とのいかなる関係をも否定する運動を主旨とした。その思想は「自由思想」とも呼ばれ、ロバートソンは、一八九九年に『自由思想小史』(*A Short History of Freethought, Ancient and Modern*)を刊行し、後に何度か改版されたが、彼の主著の一つとして評価されている。一八九一年ブラッドローが亡くなると同誌の編集長を務め、一八九三年から二年間は『フリー・レヴュー』を刊行した。一八九五年からは、執筆と講演活動による生活にはいり、九七年から翌年にかけてはアメリカ・ツアーを成功させた。一八九九年に『愛国心と帝国』を出版したあと、一九〇〇年にはボーア人の立場を擁護する『モーニング・リーダー』の特派員として南アフリカに出かけている。

ロバートソンの政治的立場は、「ニュー・リベラル」と呼ばれるものであり、一八九九年にはレインボー・サークル(一八九三年設立)と名づけられた議論集団に参加した。その仲間には、後に労働党内閣を組織するラムゼー・マクドナルドや『帝国主義論』(一九〇二年)の著者として知られるジョン・ホブソンらがいた。このサークルは、九六年より機関誌『プログレッシヴ・レヴュー』を発刊したが、この創刊が「ニュー・リベラリズム」といわれる思想の起源となったとされる。そして、ロバートソンこそ、この「ニュー・リベラリズム」の中心的人物であったとホブソンにより評価されている。「ニュー・リベラル」の主張は、様々な進歩的運動を統合して、社会問題という巨大な怪物に立ち向かい、経済的自由についての新しい考え方にもとづいて、社会改造についての特別な政策を実行すること、つまり国家機能を意識的に組織化すること、と説明されている。リチャード・コブデンに代表される、自由貿易と自由放任主義に言い換えられるようなホイッグの末裔を、貧困や失業問題を解決するための、国民年金と国民保険を導入した社会改革の党へと変えようというのが彼らの主張であった。この活動はまた、自由主義や理想主義、あるいは穏健な社会主義の思想を混ぜ合わせた世俗的な合理主義運動である「倫理運動」と結びついていった。一九〇〇年ロバートソンは、ホブソンや社会主義者であったハバート・バロウズらと、当時の急進的知識人たちの溜まり場であったサウス・プレイス倫理協会で講演したのを手始めに、死の直前までレインボー・サークルの一員として、この協会で講演をおこなった。なお、ロバートソンは、一九〇六年の選挙において、帝国保護関税政策を掲げるチェンバレンに反対して、自由貿易主義の立場を堅持して自由党から立候補して当選(一八九五年にはブラッドローの選挙区を引き継いで立候補したが落選)、一九一八年に落選するまで下院議員を務めた。この間、一九一一年から一五年までアスキス内閣で商務省の長官を務めている。一九一五年枢密顧問官に就任、一九一六年自由党出版部の議長に選出され二七年までその地位にいた。

生涯に一〇〇冊を越える著作を出版し、社会学、経済学、歴史、人類学、聖書批評、文学批評の領域において数千にわたる文章を書いたとされ、またシェークスピアの研究家として知られていたロバートソンは、その死とともに忘れられた存在になってしまった。近年、ロバートソンの「再発見」がおこなわれ、伝記や思想研究、文芸批評についての再評価がなされている。とりわけ、幸徳秋水の『帝国主義』との関係については、ベンジャミン・D・ミドルトン氏による画期的な研究が発表されている(「幸徳秋水と帝国主義への根元的批評」梅森直之訳、『初期社会主義研究』第一二号、一九九九年一二月)。ミドルトンは、ロバートソンの『愛国心と帝国』を「国際的な利害競争が極度にエスカレートするなかにあって、自由主義的な外交政策を定義し直し、帝国のイデオロギーを修正しようとする試み」と評価する。しかし、ロバートソンにあっては、「帝国」と「帝国主義」とは区別されていて、後者は批判されたが前者である「帝国」そのものは、「自由で合理的に統治された国民の利益」という視点から是認されていると、その矛盾をも指摘している。また、幸徳秋水とは違って、ロバートソンは社会主義については、集産主義による国家独占と急進的革命についての考え方において同意できないとしていたことについても言及している。しかし、同時に、この時代における自由主義と社会主義とが必ずしも対立的関係になかった点も指摘している。

もちろん、このように『帝国主義』についてのロバートソンの影響を指摘したからといって、幸徳秋水の『帝国主義』という著作の価値が失われるわけではない。秋水はロバートソンの著作に全面的に依存して、いわゆる横のものを縦にして出版したわけではない。当時、坪内逍遥などの少数の知識人を除いて、全く名前の知られていないロバートソンという人物とその著作のことについて、あえて触れる必要性を感じなかったのであろう。事実、私たちは、その点についての知識とほぼ無関係に、その独自の文体と日本歴史や中国思想についての知識において、秋水の思想の独自性を読み取ることができるはずである。

3

『帝国主義』は、「大逆事件」の捜査進行中の一九一〇(明治四三)年九月三日、発禁処分を受けた。当時の出版法第一九条「安寧秩序ヲ妨害シ又ハ風俗ヲ壊乱スルモノト認ムル文書図画ヲ出版シタルトキハ内務大臣ニ於テ其ノ発売頒布ヲ禁シ其ノ刻印及印本ヲ差押フルコトヲ得」が適用されたのである。政府は、日本の社会主義思想の普及において文字媒体による影響が大きいと判断して、社会主義関係の著作、新聞、パンフレット類を徹底的に読めなくした。いわば、国民の目から社会主義に関する活字を遮断して、社会主義思想の根絶をはかろうとしたのである。もちろん幸徳秋水の著作はことごとくその対象とされた。

以後、戦前においては本書を読むことが困難な状況となったが、唯一、秋水執筆の「例言三則」だけが、山崎今朝弥の奇知により人目に触れることになった。一九二六(大正一五)年八月創刊の月刊雑誌、四六判『解放』が「幸徳秋水文集号」の特集を組み、そのなかに「序文集」を組み込んで、発禁とされた著作に収録された秋水の序文だけを救済したのである。また、これとは別に、山崎は「解放群書」の一冊（第七編）として、故幸徳秋水著『秋水文集』を同じ解放社から発行している。さらに、山崎今朝弥は幸徳秋水全集の刊行を企て、『幸徳伝次郎全集』（全六巻、一九三〇年四月―一九三一年四月）を完結させた。この全集の第五巻「珍文集」（一九三〇年五月一〇日）が、四六判『解放』の「幸徳秋水文集号」あるいは「解放群書」第七編にあたるものであり、「例言三則」は同じく「序文集」に収録されている。

第二次大戦後、天皇の国政上の地位が変わり、幸徳秋水が首謀者とされた大逆罪が刑法から削除される状況のなかで、読むことを禁じられていた秋水の著作にも白日の光が射す機会が与えられることになった。尾崎秀実の『愛情はふる星の如く』や河上肇の『自叙伝』を刊行した世界評論社の月刊雑誌『世界評論』（一九四六年五月号）には、「幸徳秋水全集の刊行に際して」と題する次のような広告文が掲載されている。「真の革命的民主主義者として夙《つと》に明治期に先駆せる秋水の偉業と生涯とを偲び、あはせて明治期における日本社会思想、社会運動の側面史を、この偉大な民主革命期におくることの意義すくなからざるを認め、左記編集委員会諸氏の精力的な協力のもとに今回、幸徳秋水全集を編纂刊行することになつた」云々と。編集委員には、石川三四郎、細川嘉六、風早

八十二、高倉テル、山川均、山本正美、荒畑寒村、向坂逸郎、平野義太郎の名前が並んでいる。この時、企画されていた幸徳秋水全集は、全一〇巻、発行部数一万部であったことが関係者の書簡により確認されている。しかし、全集の発行は順調には進まなかった。全集の企画は選集の発行へと変わり、発行部数も大幅に減少されることになった。ようやく世界評論社版『幸徳秋水選集』の第一巻が刊行されたのは、一九四八年一一月のことであった。内容は、「兆民先生」「同志の面影」「社会党の偉人」「ラサール」の四部構成からなり、秋水の著書としては『兆民先生』と『社会民主党建設者 ラサール』とが収録された。発行部数は三〇〇〇部であった。「序」に書かれた平野義太郎の文章には、「日本のげんざいにおいて、民主主義化が遅々として進まず、すでに停滞しかけているときに」とか、「三たび世界戦争がはじまろうという危惧のある今日」とかの言葉がならべられ、すでに冷戦の時代を告げている。

幸徳秋水選集の第二巻、第三巻の発行は、同じ日付の一九五〇年一月一〇日、秋水の故郷、中村での「秋水四十周年忌祭典」に間に合わせての刊行であった。第二巻に収録された著作は、『長広舌』『社会主義神髄』『共産党宣言』、第三巻には『平民主義』が収録されている。付せられている広告によれば、選集は全四巻とされていて、第四巻には、

「日記」「書簡」「演説」「未発表論文多数」「年譜」「著作目録」が収録されることになっている。結局、第四巻は刊行されずに終わってしまった。ところで、奇妙なことに、選集へと企画が縮小されたとはいっても、収録予定のなかに、代表作である『帝国主義』が含まれていない。何ゆえにそのようなことになったのか。思い起こせば、この時期、敗戦直後の一九四五年九月から一九五二年四月まで、日本はアメリカ軍(連合国軍)の占領下にあった。つまり、日本の新聞、雑誌、単行本、放送、映画、広告などあらゆるメディアは占領軍による検閲下にあったのである。これらの措置は、むろんジャーナリズムを政府の干渉からまもり、日本の民主化に寄与させるためになされたものであったが、他方では占領政策に不利になる内容が公表・公刊されることを厳しく取り締まるための措置でもあった。とりわけ、占領直後のGHQ内部のニューディーラーと呼ばれる進歩派が反共的な保守派へと変わり、さらには一九五〇年初めからの冷戦の時代にはいると、レッド・パージがおこなわれ、言論に対する規制も一段と進んでくる。もちろん、「帝国主義」という用語にも、政治的色彩が施された。

ところで、私の手元には、この「幻の全集」となった、世界評論社版の幸徳秋水全集第一巻の印刷ゲラがある。仮に綴じられた表紙には「秋水全集 第一巻 原本」と墨書されている。別の個所には「昭和二十二年八月」の日付で次のような説明書きがある。「本『秋水全集第一巻』内容はGHQ検閲通過困難なるため、紙型にて保存し置き、公刊可能の時期来らば発行するものとす」と。残されたゲラの扉には、「秋水全集第一巻」「社会主義時代Ｉ――反帝国主義・社会主義編」と印刷されている。そして、目次をみると、「秋水全集刊行の現代的意義」(平野義太郎)、「二十世紀之怪物 帝国主義」(解題・山本正美)、「社会主義神髄」(解題・向坂逸郎)、「共産党宣言」(解題・塩田庄兵衛)が収録される予定になっていたことを知ることができる。「社会主義神髄」と「共産党宣言」の本文は、先にみたように本選集第二巻に収録されている。とすれば、当初に企画された第一巻が検閲を通過しなかった理由は、『帝国主義』の内容にあったと考えなければならない。もちろん、平野の文章や解題文についても問題とされるところがあったのかもしれないが、これは幸徳秋水全集にとって本質的な問題ではなかったはずである。ゲラには、内村鑑三の序文、秋水の「例言三則」、それに『帝国主義』の本文、というように警醒社書店版と同内容のものが収録されている。『帝国主義』は、GHQの検閲を通過することが不可能であると判断されて、全集への収録が見送られたのである。

秋水の『帝国主義』は、文字通り列強の帝国主義政策を批判したものであり、その中にはアメリカ合衆国の対スペイン戦争によるキューバ「解放」やフィリピン植民地化などを批判する内容を含んでいるものであった。もちろん、マハン大佐の海軍増強策などは繰り返し批判の対象とされている。日本の反軍国主義化・民主化を最優先の課題とした当初の目標から、冷戦をにらんで日本の同盟国化とアジアの共産主義化の阻止とを戦略的要請へと変更させたアメリカの占領政策にとって、「社会主義」の主張以上に、「帝国主義」批判はいわば敵側の陣営に有利に働くと判断されたのであろう。

幸徳秋水著『帝国主義』が岩波文庫の一冊として、およそ四〇年ぶりに削除の個所もなく公刊されるのは、占領が終わり、検閲が解除された後の、一九五二年一二月のことであった。その解題を執筆したのは秋水と同郷の社会運動家、山本正美であり、最後に付された一頁を除けば、世界評論社版の全集第一巻に付されるはずであった解題が、ほぼそのままに使われている。山本は、戦前、非合法時代の日本共産党書記長であった頃の、コミンテルンにおける日本革命の戦略と重ねあわせながら、秋水の功績を「当時の革命的社会主義者の最良の指導者の一人」として、「わが国プロレタリアートを一個の独立的な、わが国人民の解放の歴史において指導的役割を演ずべき階級として結集させた」ことにあると評価し、さらに、「輝かしい反帝国主義論、反戦論によって、明治三十年代の初頭にはじめて階級意識に目覚めはじめたこの幼い日本の革命的プロレタリアートに国際的連帯性の意識を植えつけ、世界人類の解放のなかに自己自身の終局的解放をみるほどに生長した世界プロレタリアートの一部隊にまで育てていったことにある」と断言する。また、『帝国主義』は、「秋水のこの反帝国主義論・反戦活動の成果の集約であった。それは徹頭徹尾帝国主義ならびに侵略戦争――すなわちその近隣の弱小民族の経済的・軍事的略奪・抑圧たるのみならず、わが国人民自身を帝国主義者・軍国主義者の奴隷と化する野蛮――にたいして火のごとき憎悪心と革命的闘争心をもって書きつづられている」「帝国主義は秋水(ならびに自覚せるプロレタリアート)にとっては人類の文化をふみにじり、人類の進歩をさまたげ、人間を野獣化し奴隷化するところの、それゆえに一刻も早く退治すべき二十世紀の――すなわち搾取と隷属の最後の制度たる資本主義社会が、自由にして平等な社会主義社会にその席をゆずるべき時代の――怪物であった」、という言葉が並んでいる。

「自由にして平等」であるべきであった社会主義国家が、目の前で崩壊していった二一世紀の私たちからみれば、山本の解題には、一つの時代の思想的制約がはたらいていることを指摘することは容易である。しかし、山本正美から未公刊のゲラを譲り受けた私としては、改版にあたっては、そのことにも触れておく義務はあろう。しばしば、秋水の『帝国主義』は、一九一七年のレーニンの『帝国主義』や一九〇二年に初版が刊行されたホブソンの『帝国主義論』などと比較され、未熟さはあったとしても、その先駆性において評価されてきた。そういう評価のスタイルも、いまでは『帝国主義』という書物をめぐる一つの物語になってしまった。いま、また「帝国」の時代が問題とされている。巻末の「校注について」で触れたように、本書の英訳版はベンジャミン・D・ミドルトン氏によって草稿が完成されている。また、仏訳版もクリスティン・レヴィ氏により進行中である。やがて、世界の読者が、「帝国」の時代を撃つ著作として本書を新しく評価することになろう。一世紀を越えて生き延びてきた秋水の『帝国主義』には、それだけの価値が秘められていると私は思っている。

校注について

一、本書の校注にあたっては、幸徳秋水述『廿世紀之怪物 帝国主義』(警醒社書店、明治三四年四月二〇日発行)の初版を底本とした。なお、岩波文庫旧版(一九五二年一二月五日、山本正美解題)を参照した。

一、本文校訂にあたっては、底本の表記を尊重することとしたが、読み易くするために以下の点を改めた。

a　漢字は新字体に改めた。また漢語の表記について、辞書等にみられないものもあるが、注の中でその旨記しておいた。

b　旧かなづかいを現代かなづかいに改め、変体仮名、「𪜈」(こと)などの略体仮名は現代表記とした。「てふ」は「という」に改めた。また、漢字表記されている、「是れ」(これ)などの指示代名詞、「然し」(しかし)・「而も」(しかも)などの接続詞、「愈々」(いよいよ)などの副詞、「乎」(か)・「哉」(かな)・「也」(なり)などの終助詞、「所以」(ゆえん)・「於て」(おいて)・「非ず」(あらず)・「云ふ」(いう)・「在り」(あり)・「蓋し」(けだし)・

「可き」(べき)などの比較的頻度の高い語は、ひらがな表記に改めた。

c　底本ルビは、「大帝国《グレーターエムパイア》」「帝国主義者《イムペリアリスト》」「軍国主義《ミリタリズム》」「動物的天性《アニマルインスチンクト》」「独逸皇帝《カイセル》」「哲学的《ヒロソヒツク》」「非哲学的《アンヒロソヒツク》」「奴隷《ヘロツト》」「真実《トルース》」「夢想者《ドリーマー》」「組織的《システマチカリー》」「尊敬《レスペクト》」「衝動《コンワルシヨン》」「零落《ルーイン》」「帝国《エンパイア》」「蘇丹《スーダン》」「病人《シツクマン》」「勢力《インフルエンス》」「決闘《デユーエル》」「成吉士汗《ジンギスカン》」「貿易《ツレード》」「個人的《パーソナル》」「国民的《ナシヨナル》」「戦闘《ストラツグル》」「無政府党《アナーキスト》」「錫蘭《セーロン》」「武断政治《カバーメントバイフオース》」「帖木児《タメルラン》」「小英国《リツツルイングランド》」「時日《タイム》」に限られている。

その他は難読と思われるものに校注者が付したルビである。

d　明らかな誤記・誤植は改めた。

一、注を施した個所には＊印をつけた。また、注の作成にあたって、一般の人名辞典や漢和辞典によったものは注記していないが、ロバートソンの『愛国心と帝国』(同書については解説参照)による個所についてはその原文頁を、ベンジャミン・D・ミドルトンの『帝国主義』英訳草稿(未発表)に付された脚注を参照した個所については(ミドルトン注)と、また神崎清訳・補注の「二十世紀の怪物　帝国主義」(『幸徳秋水』日本の名著44、中央公論社、一九七〇年九月一〇日所収)を参照した個所については(神崎注)と、表記した。

一、校注にあたっては、初期社会主義研究会の会員である堀切利高、志村正昭、川上哲正氏らの支援をえた。

ま 行

や 行

ら 行

わ 行

た 行

な 行

は 行

人名索引

あ行

か行

さ行

帝国主義《ていこくしゅぎ》

2004年6月16日　第1刷発行
2022年6月24日　第8刷発行

著　者　幸徳秋水《こうとくしゅうすい》

校注者　山泉《やまいずみ》　進《すすむ》

発行者　坂本政謙

発行所　株式会社　岩波書店
〒101-8002　東京都千代田区一ツ橋2-5-5

案内 03-5210-4000　営業部 03-5210-4111
文庫編集部 03-5210-4051
https://www.iwanami.co.jp/

印刷・理想社　カバー・精興社　製本・松岳社

ISBN4-00-331251-1　　Printed in Japan

読書子に寄す

——岩波文庫発刊に際して——

岩波茂雄

真理は万人によって求められることを自ら欲し、芸術は万人によって愛されることを自ら望む。かつては民を愚昧ならしめるために学芸が最も狭き堂宇に閉鎖されたことがあった。今や知識と美とを特権階級の独占より奪い返すことはつねに進取的なる民衆の切実なる要求である。岩波文庫はこの要求に応じそれに励まされて生まれた。それは生命ある不朽の書を少数者の書斎と研究室とより解放して街頭にくまなく立たしめ民衆に伍せしめるであろう。近時大量生産予約出版の流行を見る。その広告宣伝の狂態はしばらくおくも、後代にのこすと誇称する全集がその編集に万全の用意をなしたるか。千古の典籍の翻訳企図に敬虔の態度を欠かざりしか。さらに分売を許さず読者を繋縛して数十冊を強うるがごとき、はたしてその揚言する学芸解放のゆえんなりや。吾人は天下の名士の声に和してこれを推挙するに躊躇するものである。このときにあたって、岩波書店は自己の責務のいよいよ重大なるを思い、従来の方針の徹底を期するため、すでに十数年以前より志して来た計画を慎重審議この際断然実行することにした。吾人は範をかのレクラム文庫にとり、古今東西にわたって文芸・哲学・社会科学・自然科学等種類のいかんを問わず、いやしくも万人の必読すべき真に古典的価値ある書をきわめて簡易なる形式において逐次刊行し、あらゆる人間に須要なる生活向上の資料、生活批判の原理を提供せんと欲する。この文庫は予約出版の方法を排したるがゆえに、読者は自己の欲する時に自己の欲する書物を各個に自由に選択することができる。携帯に便にして価格の低きを最主とするがゆえに、外観を顧みざるも内容に至っては厳選最も力を尽くし、従来の岩波出版物の特色をますます発揮せしめようとする。この計画たるや世間の一時の投機的なるものと異なり、永遠の事業として吾人は微力を傾倒し、あらゆる犠牲を忍んで今後永久に継続発展せしめ、もって文庫の使命を遺憾なく果たさしめることを期する。芸術を愛し知識を求むる士の自ら進んでこの挙に参加し、希望と忠言とを寄せられることは吾人の熱望するところである。その性質上経済的には最も困難多きこの事業にあえて当たらんとする吾人の志を諒として、その達成のため世の読書子とのうるわしき共同を期待する。

昭和二年七月

《法律・政治》〔白〕

- 人権宣言集　高木八尺・末延三次・宮沢俊義編
- 新版 世界憲法集 第二版　高橋和之編
- 君主論　マキアヴェッリ　河島英昭訳
- フィレンツェ史 全二冊　マキァヴェッリ　齊藤寛海訳
- リヴァイアサン 全四冊　ホッブズ　水田洋訳
- 法の精神 全三冊　モンテスキュー　野田良之・稲本洋之助・上原行雄・田中治男・三辺博之・横田地弘訳
- ローマ人盛衰原因論　モンテスキュー　田中治男・栗田伸子訳
- 第三身分とは何か　シィエス　稲本洋之助・伊藤洋一・川出良枝・松本英実訳
- 教育に関する考察　ロック　服部知文訳
- 完訳 統治二論　ジョン・ロック　加藤節訳
- 寛容についての手紙　ジョン・ロック　加藤節・李静和訳
- キリスト教の合理性　ジョン・ロック　加藤節訳
- ルソー 社会契約論　桑原武夫・前川貞次郎訳
- アメリカのデモクラシー 全四冊　トクヴィル　松本礼二訳
- 犯罪と刑罰　ベッカリーア　風早八十二・五十嵐二葉訳
- リンカーン演説集　高木八尺・斎藤光訳
- 権利のための闘争　イェーリング　村上淳一訳
- 近代人の自由と古代人の自由・征服の精神と簒奪 他一篇　コンスタン　堤林剣・堤林恵訳
- 民主主義の本質と価値 他一篇　ハンス・ケルゼン　長尾龍一・植田俊太郎訳
- 外交談判法　カリエール　坂野正高訳
- 危機の二十年 ―理想と現実　E・H・カー　原彬久訳
- アメリカの黒人演説集 ―キング・マルコムX・モリスン他　荒このみ編訳
- モーゲンソー 国際政治 ―権力と平和 全三冊　原彬久監訳
- 現代議会主義の精神史的状況 他一篇　カール・シュミット　樋口陽一訳
- 第二次世界大戦外交史 全二冊　芦田均
- 憲法講話　美濃部達吉
- 日本国憲法　長谷部恭男解説
- 民主体制の崩壊 ―危機・崩壊・再均衡　ファン・リンス　横田正顕訳

《経済・社会》〔白〕

- 政治算術　ペティ　大内兵衛・松川七郎訳
- チュルゴオ 富に関する省察　永田清訳
- 国富論 全四冊　アダム・スミス　水田洋監訳　杉山忠平訳
- 道徳感情論 全二冊　アダム・スミス　水田洋訳
- 法学講義　アダム・スミス　水田洋訳
- コモン・センス 他三篇　トーマス・ペイン　小松春雄訳
- 経済学における諸定義　マルサス　玉野井芳郎訳
- オウエン自叙伝　ロバアト・オウエン　五島茂訳
- 経済学および課税の原理 全二冊　リカードウ　羽鳥卓也・吉澤芳樹訳
- 戦争論 全三冊　クラウゼヴィッツ　篠田英雄訳
- 自由論　J・S・ミル　塩尻公明・木村健康訳
- 女性の解放　J・S・ミル　大内兵衛・大内節子訳
- ミル自伝　朱牟田夏雄訳
- 大学教育について　J・S・ミル　竹内一誠訳
- ユダヤ人問題によせて ヘーゲル法哲学批判序説　マルクス　城塚登訳
- 経済学・哲学草稿　マルクス　城塚登・田中吉六訳
- 新編輯版 ドイツ・イデオロギー　マルクス エンゲルス　廣松渉編訳　小林昌人補訳
- マルクス エンゲルス 共産党宣言　大内兵衛・向坂逸郎訳
- 賃労働と資本　マルクス　長谷部文雄訳
- 賃銀・価格および利潤　マルクス　長谷部文雄訳
- マルクス 経済学批判　武田隆夫・遠藤湘吉・大内力・加藤俊彦訳

《自然科学》〔青〕

パロマーの巨人望遠鏡 全二冊　D・O・ウッドベリー　関正雄・湯澤博・成相恭二 訳

生物から見た世界　ユクスキュル／クリサート　日高敏隆・羽田節子 訳

ゲーデル 不完全性定理　林晋・八杉満利子 訳

日本の酒　坂口謹一郎

生命とは何か ―物理的にみた生細胞　シュレーディンガー　岡小天・鎮目恭夫 訳

ウィーナー サイバネティックス ―動物と機械における制御と通信　池原止戈夫・彌永昌吉・室賀三郎・戸田巌 訳

岩波文庫の最新刊

フロイト著／高田珠樹訳
日常生活の精神病理
知っているはずの画家の名前がどうしても思い出せない――フロイト存命中もっとも広く読まれた著作。達意の翻訳に十全な注を付す。
〔青六四二-一〕　定価一五八四円

エーリヒ・ケストナー著／酒寄進一訳
終戦日記一九四五
世界的な児童文学作家が、第三帝国末期から終戦後にいたる社会の混乱、戦争の愚かさを皮肉とユーモアたっぷりに描き出す。
〔赤四七一-二〕　定価一〇六七円

萩原朔太郎著
恋愛名歌集
萩原朔太郎（一八八六―一九四二）が、恋愛を詠った抒情性、韻律に優れた古典和歌の名歌を選び評釈した独自の詞華集。（解説＝渡部泰明）
〔緑六二-四〕　定価七〇四円

鵜飼信成著
憲法
戦後憲法学を牽引した鵜飼信成（一九〇六―八七）による、日本国憲法の独創的な解説書。先見性に富み、今なお異彩を放つ。初版一九五六年。（解説＝石川健治）
〔白三五-一〕　定価一三八六円

……今月の重版再開……

千葉俊二編
鷗外随筆集
定価七〇四円
〔緑六-八〕

木村 浩編訳
ソルジェニーツィン短篇集
定価一〇一二円
〔赤六三五-二〕

定価は消費税10％込です　2022.6